Auténtico A

LEVELED VOCABULARY AND GRAMMAR WORKBOOK

CORE PRACTICE

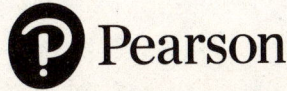

Boston, Massachusetts • Chandler, Arizona • Glenview, Illinois • New York, New York

Pearson, 330 Hudson Street, New York, NY 10013.

Copyright © by Pearson Education, Inc. or its affiliates. All Rights Reserved. Printed in the United States of America. This publication is protected by copyright, and permission should be obtained from the publisher prior to any prohibited reproduction, storage in a retrieval system, or transmission in any form or by any means, electronic, mechanical, photocopying, recording, or otherwise. For information regarding permissions, request forms and the appropriate contacts, please visit www.pearson.com, Pearson's Rights and Permissions Department.

PEARSON, PRENTICE HALL, ALWAYS LEARNING, AUTÉNTICO, and **REALIZE** are exclusive trademarks owned by Pearson Education, Inc. or its affiliates in the U.S. and/or other countries.

Unless otherwise indicated herein, any third-party trademarks that may appear in this work are the property of their respective owners and any references to third-party trademarks, logos or other trade dress are for demonstrative or descriptive purposes only. Such references are not intended to imply any sponsorship, endorsement, authorization, or promotion of Pearson Education Inc. products by the owners of such marks, or any relationship between the owner and Pearson or its affiliates, authors, licensees or distributors.

ISBN-13: 978-0-328-92377-9
ISBN-10:   0-328-92377-X

Table of Contents

Para empezar
1 En la escuela 1
2 En la clase 6
3 El tiempo 9

Tema 1: Mis amigos y yo
Capítulo 1A: ¿Qué te gusta hacer? 13
Capítulo 1B: Y tú, ¿cómo eres? 22

Tema 2: La escuela
Capítulo 2A: Tu día en la escuela 31
Capítulo 2B: Tu sala de clases 40

Tema 3: La comida
Capítulo 3A: ¿Desayuno o almuerzo? 49
Capítulo 3B: Para mantener la salud 58

Tema 4: Los pasatiempos
Capítulo 4A: ¿Adónde vas? 67
Capítulo 4B: ¿Quieres ir conmigo? 76

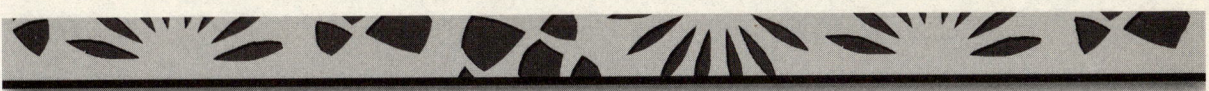

Para empezar
En la escuela

Nombre _____ Hora _____
Fecha _____ Core Practice **P–1**

¿Cómo te llamas?

It is the first day of school in Madrid, and students are getting to know each other. Complete the dialogues by circling the appropriate words and phrases.

1. **A:** ¡Hola! (Hasta luego. / ¿Cómo te llamas?)

   B: Me llamo Rubén. ¿Y tú?

   A: Me llamo Antonio.

   B: (Mucho gusto. / Bien, gracias.)

   A: Igualmente, Rubén.

2. It is 9:00 in the morning.

   A: (¡Buenas tardes! / ¡Buenos días!) ¿Cómo te llamas?

   B: Buenos días. Me llamo Rosalía. ¿Cómo te llamas tú?

   A: Me llamo Enrique. (¿Cómo estás, Rosalía? / Gracias, Rosalía.)

   B: Muy bien, gracias. ¿Y tú?

   A: (Encantado. / Bien.)

   B: Adiós, Enrique.

   A: (¡Sí! / ¡Nos vemos!)

3. It is now 2:00 P.M.

   A: ¡Buenas tardes, Sr. Gómez!

   B: (¡Buenas noches! / ¡Buenas tardes!) ¿Cómo te llamas?

   A: Me llamo Margarita.

   B: Mucho gusto, Margarita.

   A: (Buenos días. / Encantada.) ¡Adiós, Sr. Gómez!

   B: (¡Hasta luego! / ¡Bien!)

En la escuela **1**

Para empezar

En la escuela

Core Practice **P-2**

¿Eres formal o informal?

A. Circle the phrases below that can be used to talk to teachers. Underline the phrases that can be used to talk to other students. Some phrases may be both circled and underlined.

¡Hola!	¿Cómo está Ud.?	Mucho gusto.	¿Qué tal?
Buenos días.	¿Cómo estás?	¿Y usted?	¡Hasta luego!
¡Nos vemos!	Buenos días, señor.	Estoy bien.	¿Y tú?

B. Circle **Ud.** or **tú** to indicate how you would address the person being spoken to.

1. "Hola, Sr. Gómez."   Ud.   Tú
2. "¿Qué tal, Luis?"   Ud.   Tú
3. "¿Cómo estás, Paco?"   Ud.   Tú
4. "¡Buenos días, profesor!" Ud.   Tú
5. "Adiós, señora."   Ud.   Tú

C. Number the following phrases from 1–5 to create a logical conversation. Number 1 should indicate the first thing that was said, and 5 should indicate the last thing that was said.

_____ Bien, gracias, ¿y Ud.?

_____ ¡Hasta luego!

_____ Buenas tardes.

_____ ¡Buenas tardes! ¿Cómo está Ud.?

_____ Muy bien. ¡Adiós!

Nombre ____________________ Hora ____________

Para empezar

Fecha ____________________ Core Practice **P–3**

En la escuela

Por favor

Your Spanish teacher has asked you to learn some basic classroom commands. Write the letter of the appropriate phrase next to the picture it corresponds to.

1. ______

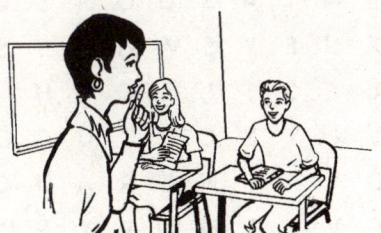

2. ______

3. ______

4. ______

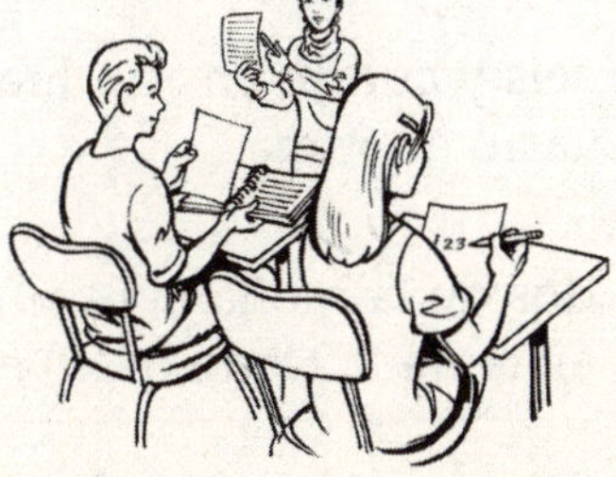

5. ______

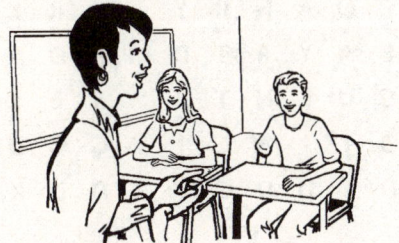

A. Saquen una hoja de papel.

B. Siéntense, por favor.

C. Repitan, por favor.

D. ¡Silencio, por favor!

E. Levántense, por favor.

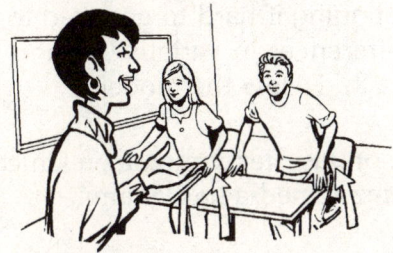

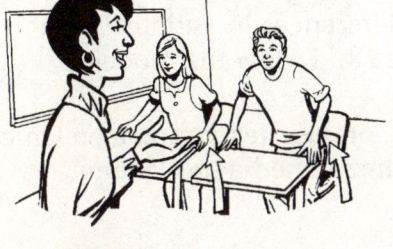

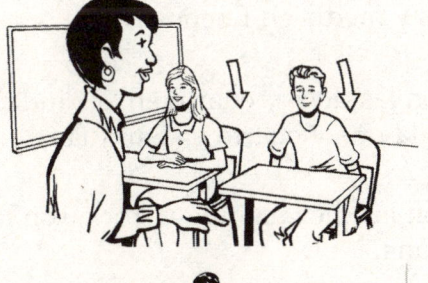

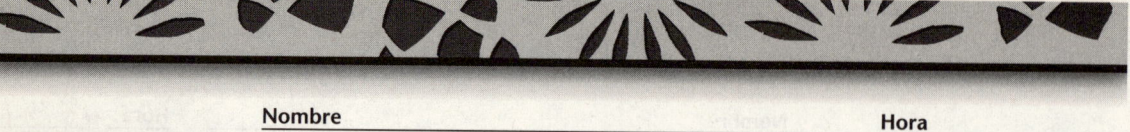

Para empezar

En la escuela

Nombre _____ Hora _____

Fecha _____ Core Practice **P-4**

Los números

A. Here are some simple math problems. First, fill in each blank with the correct number. Then, find the Spanish word for that number in the word search to the right.

1. 7 × 8 = _____
2. 50, 40, _____, 20, 10 ...
3. 75 + 7 = _____
4. 55, 60, 65, _____, 75, 80 ...
5. 97, 98, 99, _____ ...
6. 24 ÷ 2 = _____
7. 72, 60, _____, 36, 24 ...

```
O C H E N T A Y D O S L C T
M O J X U E Y S W H U S S R
O G X L E G I L E C E H M E
G U N V C T B C R T U C G I
O H C O Y A T N E R A U C N
T T C C V A T N W L Y F W T
M B K W C E T U Y O N L O A
E F Q F Q A N B Y F K R L V
H C E E A Y R T D M W D A W
C I N C U E N T A Y S E I S
R E C O J I W C J Y G Q U Q
U L J D I U D G V X D D K G
```

B. As exchange students, you and your classmates are finding it hard to get used to the time difference. Below are some statements about time differences in various U.S and Spanish-speaking cities. Write in the times that correspond to each. Follow the model.

Modelo **10:30** **10:30** Cuando son las diez y media en Chicago, son las diez y media en Panamá.

1. __:__ __:__ Cuando es la una y media en Washington, D.C., son las dos y media en Buenos Aires.

2. __:__ __:__ Cuando son las doce y cuarto en la Ciudad de México, es la una y cuarto en San Juan.

3. __:__ __:__ Cuando son las diez en Nueva York, son las diez en La Habana.

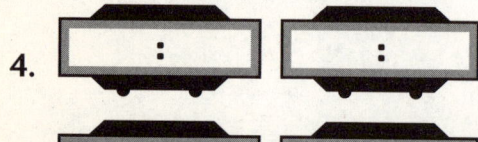

4. __:__ __:__ Cuando son las seis y cuarto en San Francisco, son las ocho y cuarto en Lima.

5. __:__ __:__ Cuando son las dos de la mañana (A.M.) en Madrid, son las siete de la tarde (P.M.) en Bogotá.

En la escuela

Para empezar

En la escuela

Nombre _____ Hora _____

Fecha _____ Core Practice **P-5**

El cuerpo

A. You are watching your neighbor's toddler Anita for a few hours after school. She is playing with her **muñequita** (*doll*) Chula and is practicing words to identify body parts. Help her by drawing lines to connect her doll's body parts with their correct names.

el ojo   *la boca*

el dedo   *el estómago*

la nariz

la mano

el pie

la cabeza   *la pierna*

B. Now write three sentences using the phrase **me duele** and body parts.

1. _____
2. _____
3. _____

En la escuela **5**

Para empezar

En la clase

Core Practice P–6

Combinaciones

A. Write the correct article (**el** or **la**, or both) before each of the items below.

1. _____ bolígrafo
2. _____ lápiz
3. _____ sala de clases
4. _____ profesora
5. _____ cuaderno
6. _____ carpeta
7. _____ profesor
8. _____ estudiante
9. _____ pupitre
10. _____ hoja de papel

B. To make sure that there are enough school supplies for everyone, your teacher has asked you to help take inventory. Complete each sentence by writing the name and number of each item pictured. Follow the model.

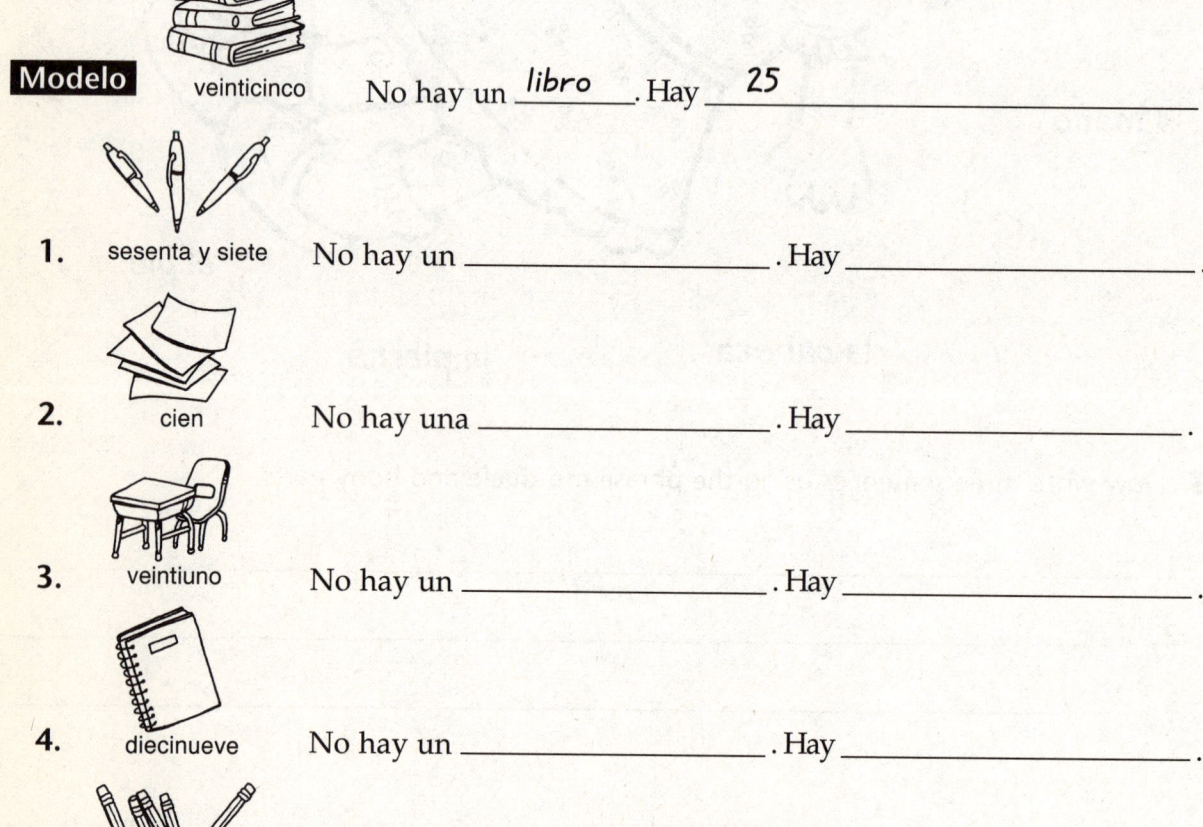

Modelo veinticinco No hay un _libro_. Hay _25_____.

1. sesenta y siete No hay un _____. Hay _____.

2. cien No hay una _____. Hay _____.

3. veintiuno No hay un _____. Hay _____.

4. diecinueve No hay un _____. Hay _____.

5. treinta y seis No hay un _____. Hay _____.

6 *En la clase*

Para empezar
En la clase

El calendario

February has just ended on a leap year. Because of this, Pepe is completely lost in planning out March. Help him get his days straight by using the calendar. Follow the model.

lunes	martes	miércoles	jueves	viernes	sábado	domingo
				1	2	3
4	5	6	7	8	9	10
11	12	13	14	15	16	17
18	19	20	21	22	23	24
25	26	27	28	29	30	31

Modelo   TÚ: Hoy es el cinco de marzo.
   PEPE: ¿Es jueves?
   TÚ: No, es martes.

1. TÚ: Hoy es el treinta de marzo.
   PEPE: ¿Es lunes?
   TÚ: _____

2. TÚ: Hoy es el trece de marzo.
   PEPE: ¿Es domingo?
   TÚ: _____

3. TÚ: Hoy es el veintiuno de marzo.
   PEPE: ¿Es domingo?
   TÚ: _____

4. TÚ: Hoy es el once de marzo.
   PEPE: ¿Es miércoles?
   TÚ: _____

5. TÚ: Hoy es el primero de marzo.
   PEPE: ¿Es martes?
   TÚ: _____

6. TÚ: Hoy es el doce de marzo.
   PEPE: ¿Es sábado?
   TÚ: _____

7. TÚ: Hoy es el veinticuatro de marzo.
   PEPE: ¿Es viernes?
   TÚ: _____

8. TÚ: Hoy es el diecisiete de marzo.
   PEPE: ¿Es lunes?
   TÚ: _____

Para empezar

En la clase

Nombre _____ Hora _____

Fecha _____ Core Practice **P-8**

La fecha

A. Write out the following dates in Spanish. The first one is done for you.

Día/Mes

2/12   *el dos de diciembre*

9/3   _____

5/7   _____

4/9   _____

8/11 _____

1/1   _____

¿Recuerdas?

Remember that when writing the date in Spanish, the day precedes the month.

- 19/12 = el 19 de diciembre = December 19
- 27/3 = el 27 de marzo = March 27

B. Now, answer the following questions about dates in complete sentences.

1. ¿Cuál es la fecha de hoy?
   _____

2. ¿El Día de San Valentín es el trece de enero?
   _____

3. ¿Cuál es la fecha del Año Nuevo?
   _____

4. ¿La Navidad (*Christmas*) es el 25 de noviembre?
   _____

5. ¿Cuál es la fecha del Día de San Patricio?
   _____

6. ¿Cuál es la fecha del Día de la Independencia?
   _____

7. ¿Cuál es la fecha de mañana?
   _____

En la clase

Para empezar

El tiempo

Core Practice P–9

¿Qué tiempo hace?

You and several Spanish-speaking exchange students are discussing the weather of your home countries.

A. Fill in the chart with the missing information for the area in which you live.

Meses	Estación	Tiempo
diciembre enero _____	_____	_____
marzo _____ _____	_____	_____
junio _____ _____	el verano	_____
_____ _____ noviembre	_____	hace viento, hace sol

B. Complete the dialogues below with information from the chart.

1. PROFESORA: ¿Qué tiempo hace en julio?

   ESTUDIANTE: _____

2. PROFESORA: ¿En enero hace calor?

   ESTUDIANTE: _____

3. PROFESORA: ¿En qué meses hace frío?

   ESTUDIANTE: _____

4. PROFESORA: ¿Qué tiempo hace en el verano?

   ESTUDIANTE: _____

5. PROFESORA: ¿Nieva en agosto?

   ESTUDIANTE: _____

Para empezar

Nombre _____ **Hora** _____

Fecha _____ Core Practice **P–10**

Repaso

Fill in the crossword puzzle with the Spanish translation of the English words given below.

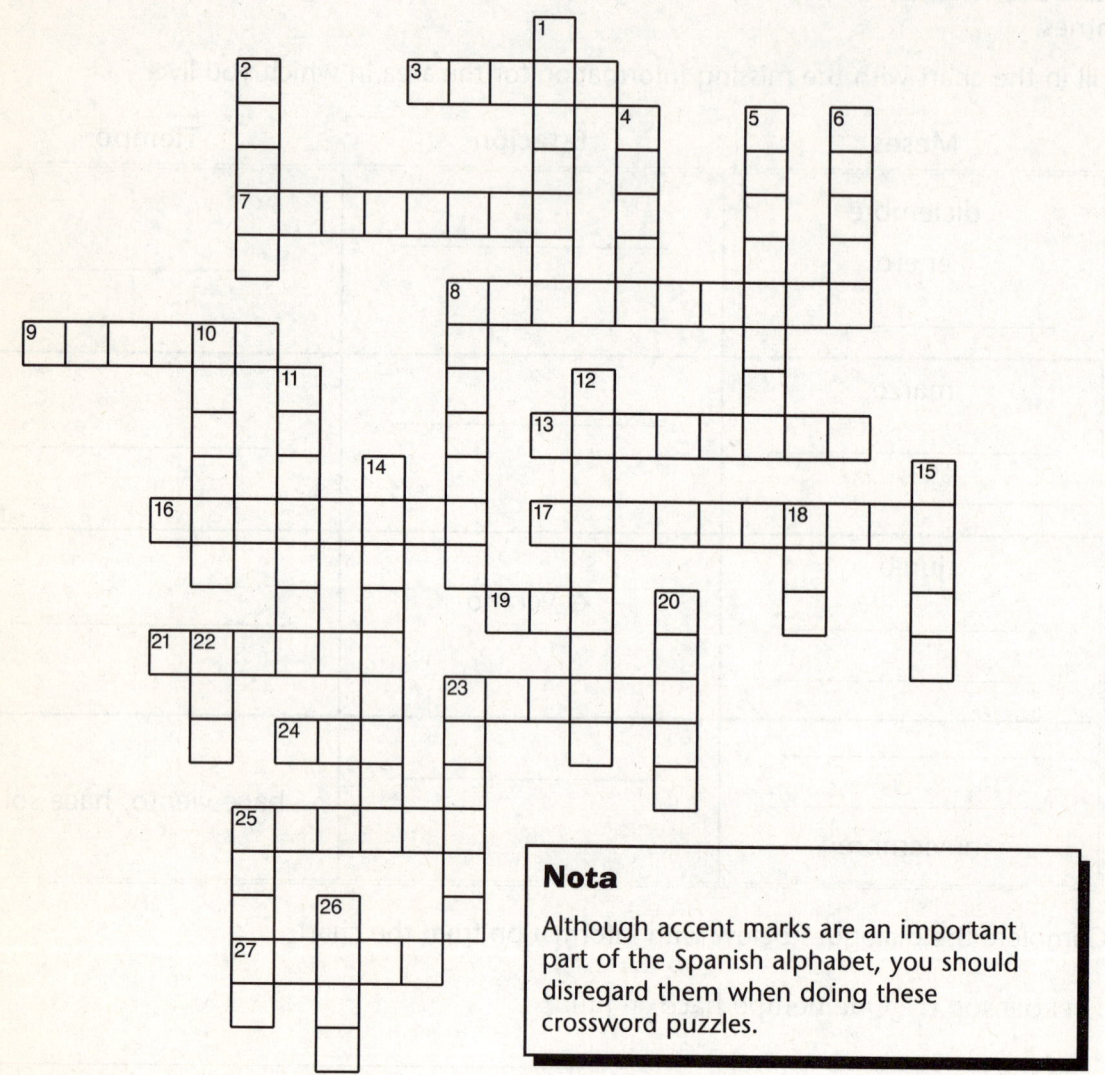

Nota

Although accent marks are an important part of the Spanish alphabet, you should disregard them when doing these crossword puzzles.

Across

3. pencil
7. season
8. See you later!
9. it is raining
13. it is cold
16. winter
17. September
19. day
21. head
23. madam, Mrs.
24. foot
25. week
27. fall

Down

1. Friday
2. Monday
4. it is snowing
5. male teacher
6. January
8. it is sunny
10. summer
11. desk
12. it is hot
14. spring
15. the date
18. month
20. arm
22. year
23. Saturday
25. sir, Mr.
26. Hello

10 *Repaso del capítulo* — Crucigrama

Para empezar

Nombre _____ Hora _____
Fecha _____ Core Practice **P–11**

Organizer

I. Vocabulary

Greetings and good-byes
_____
_____
_____
_____

Classroom objects
_____
_____
_____
_____
_____
_____

Body parts
_____
_____
_____
_____
_____
_____

Words to talk about time
_____
_____
_____
_____

Phrases to talk about names
_____
_____

Forms of address (Formal)
_____
_____
_____

Forms of address (Informal)
_____

Phrases to ask and tell how you feel
_____
_____
_____
_____

Repaso del capítulo — *Vocabulario* **11**

Para empezar

Core Practice P–12

Days of the week
_____
_____
_____
_____
_____
_____
_____

Months of the year
_____
_____
_____
_____
_____
_____
_____
_____
_____
_____
_____
_____

Seasons
_____
_____
_____
_____

Weather expressions
_____
_____
_____
_____

II. Grammar

1. The word *the* is a definite article in English. The singular definite articles in Spanish are _____ and _____ , as in _____ **libro** and _____ **carpeta**.

2. Most nouns ending with _____ are masculine. Most nouns ending with _____ are feminine.

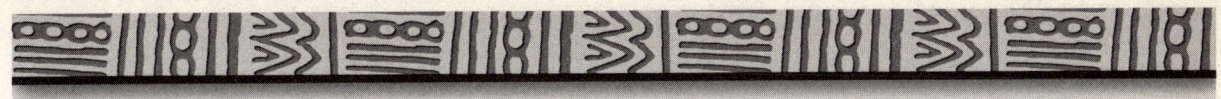

Capítulo 1A   Core Practice **1A–1**

La pregunta perfecta

Complete each sentence using the word or phrase that best describes the picture.

1. ¿Te gusta _____?

2. A mí me gusta _____.

3. ¿Te gusta _____?

4. No me gusta _____. ¿Y a ti?

5. Pues, me gusta mucho _____.

6. Sí, me gusta mucho _____.

7. ¿Te gusta mucho _____?

8. Me gusta _____.

9. ¡Me gusta mucho _____!

10. No, ¡no me gusta nada _____!

Vocabulario en contexto   **13**

Capítulo 1A

Core Practice 1A–2

¿A ti también?

Several friends are talking at the bus stop about what they like and do not like to do. Based on the pictures, write the activity that the first person likes or does not like to do. Then, complete the second person's response. Make sure to use **también** or **tampoco** when expressing agreement and disagreement.

1.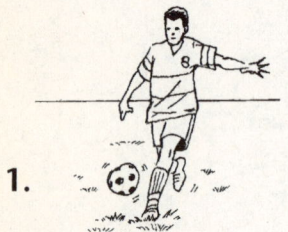
   ENRIQUE: A mí me gusta mucho _____. ¿A ti te gusta?
   DOLORES: Sí, _____.

2.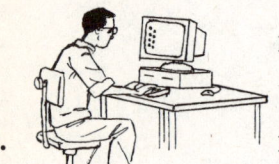
   PABLO: Me gusta _____. ¿A ti te gusta?
   MARTA: No, _____.

3.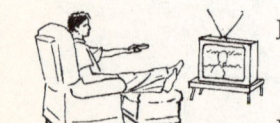
   JAIME: No me gusta _____. ¿A ti te gusta?
   JULIO: No, _____.

4.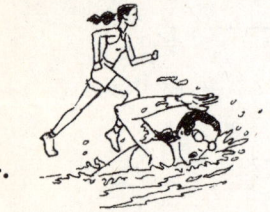
   MARÍA: Me gusta _____. ¿A ti te gusta?
   JULIA: No _____.

5.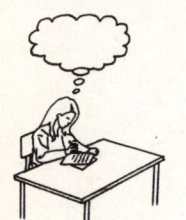
   CARMEN: No me gusta nada _____. ¿A ti te gusta?
   JOSEFINA: Sí, _____.

6.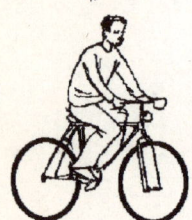
   ROBERTO: Me gusta _____. ¿A ti te gusta?
   PEDRO: Sí, _____.

Vocabulario en contexto

Capítulo 1A

Nombre _____ Hora _____

Fecha _____ Core Practice **1A–3**

¿Te gusta o no te gusta?

You are talking to some new students about the things that they like to do. Using the drawings and the model below, complete the following mini-conversations.

Modelo

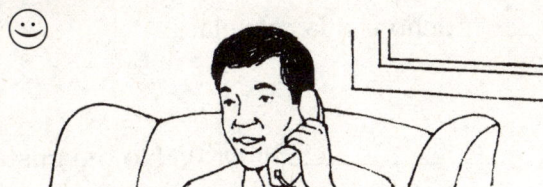

— ¿Te gusta *hablar por teléfono*?
— *Sí, me gusta mucho.*

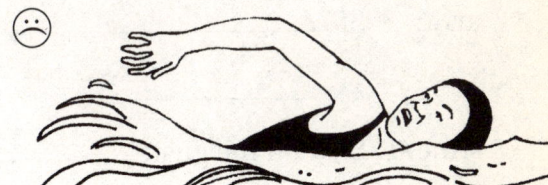

— ¿Te gusta *nadar*?
— *No, no me gusta nada.*

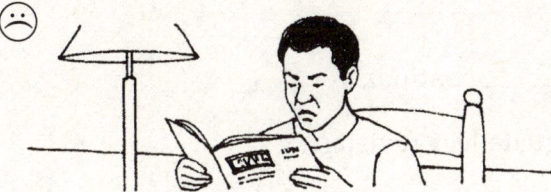

1. — ¿Te gusta _____?
   _____.

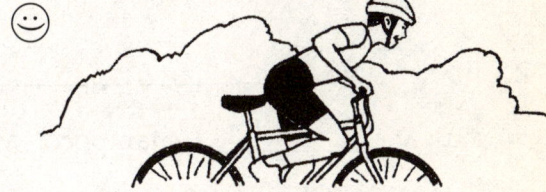

2. — ¿Te gusta _____?
   _____.

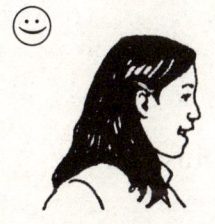 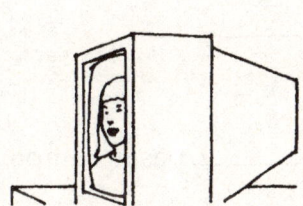

3. — ¿Te gusta _____?
   _____.

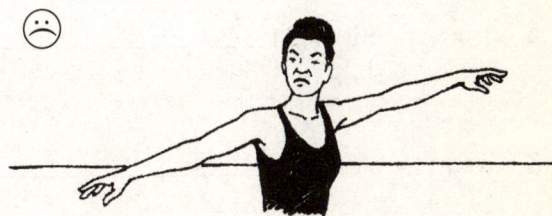

4. — ¿Te gusta _____?
   _____.

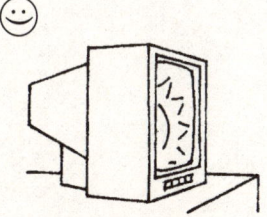 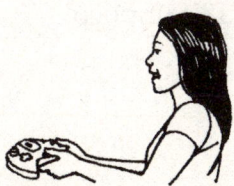

5. — ¿Te gusta _____?
   _____.

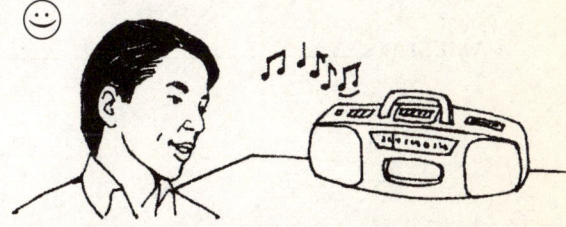

6. — ¿Te gusta _____?
   _____.

Vocabulario en contexto

Capítulo 1A

Core Practice 1A–4

¿Qué te gusta hacer?

Complete the dialogues below to find out what activities these friends like and dislike.

1. MIGUEL: ¿Te gusta ir a la escuela?

   RITA: Sí. _____ mucho ir a la escuela.

   ¿Y _____ ?

   MIGUEL: Sí, a mí me gusta _____ también. No me gusta

   _____ ver la tele _____ jugar videojuegos.

   RITA: _____ tampoco.

2. JUAN: No _____ patinar.

   PAULA: _____ tampoco. Me gusta leer revistas.

   JUAN: ¿_____ más, trabajar o _____

   _____ ?

   PAULA: _____ hablar por teléfono.

   JUAN: Sí. A mí _____ .

3. AMELIA: A mí _____ pasar tiempo con mis amigos.

   CARLOS: A mí me gusta _____ también.

   AMELIA: ¿Te gusta trabajar?

   CARLOS: No, _____ .

   AMELIA: _____ tampoco.

16 *Vocabulario en contexto*

Capítulo 1A

Nombre _____ Hora _____

Fecha _____ Core Practice **1A–5**

El infinitivo

Decide what infinitive each picture represents. Then, based on its ending, write the verb in the appropriate column. Use the model as a guide.

	-ar	**-er**	**-ir**
Modelo	patinar		
1.			
2.			
3.			
4.			
5.			
6.			
7.			
8.			

Capítulo 1A

Core Practice 1A-6

Las actividades en común

Cristina is feeling very negative. Using the pictures to help you, write Cristina's negative responses to Lola's questions. Use the model to help you.

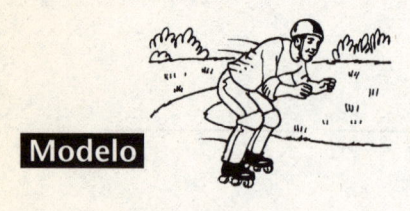

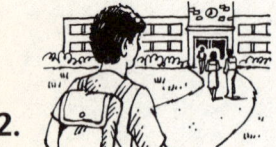

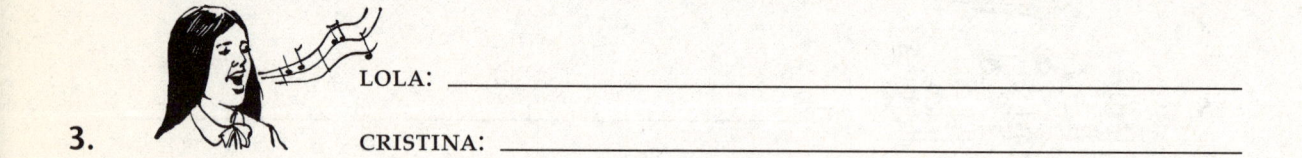

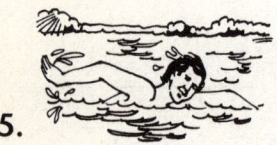

Modelo

LOLA: ¿Te gusta patinar?

CRISTINA: No, no me gusta nada patinar.

1. LOLA: _____
   CRISTINA: _____

2. LOLA: _____
   CRISTINA: _____

3. LOLA: _____
   CRISTINA: _____

4. LOLA: _____
   CRISTINA: _____

5. LOLA: _____
   CRISTINA: _____

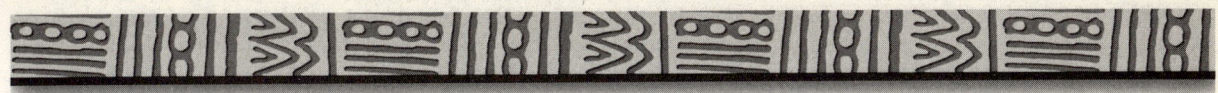

Capítulo 1A Core Practice **1A-7**

La conversación completa

At lunch, you overhear a conversation between Sara and Graciela, who are trying to decide what they would like to do after school today. Since it is noisy in the cafeteria, you miss some of what they say. Read the conversation through to get the gist, then fill in the missing lines with what the friends probably said.

GRACIELA: ¿Qué te gusta hacer?

SARA: _____ .

GRACIELA: ¿Nadar? Pero es el invierno. ¡Hace frío!

SARA: Sí. Pues, también _____ .

GRACIELA: Pero hoy es martes y no hay programas buenos en la tele.

SARA: Pues, ¿qué _____ hacer a ti?

GRACIELA: _____ .

SARA: ¡Uf! Hay un problema. No me gusta ni jugar videojuegos ni usar la computadora.

GRACIELA: Hmm . . . ¿_____ ?

SARA: No, _____ nada patinar.

GRACIELA: ¿Te gusta bailar o cantar?

SARA: No, _____ .

GRACIELA: Pues, ¿qué _____ , Sara?

SARA: _____ hablar por teléfono.

GRACIELA: ¡A mí también! ¿Cuál es tu número de teléfono?

Gramática y vocabulario en uso **19**

Capítulo 1A

Nombre _____ Hora _____
Fecha _____ Core Practice **1A-8**

Repaso

Fill in the crossword puzzle below with the actions indicated by the pictures.

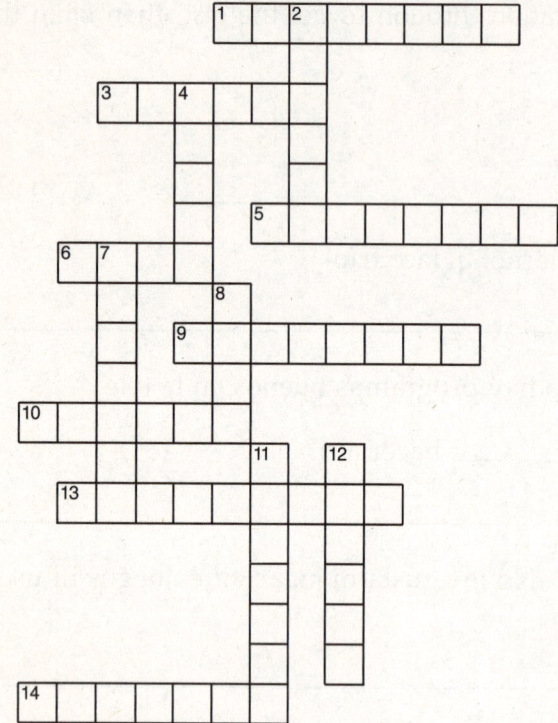

Down

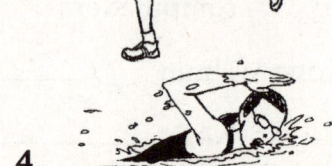

2.

Across

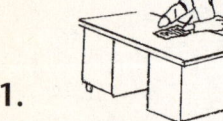
1.

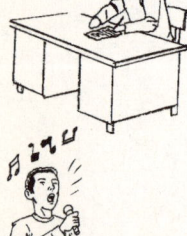
3.

 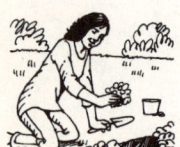
5.

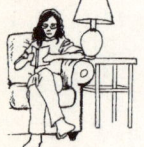
6.

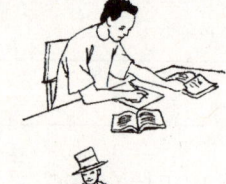
9.

 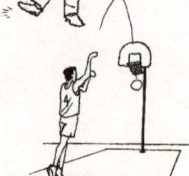
10.

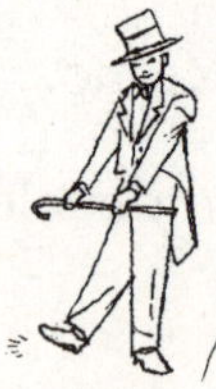

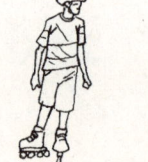
13.

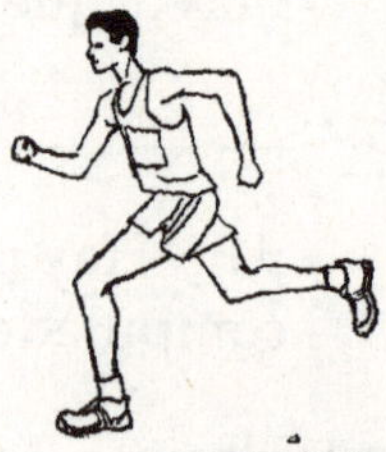

14.

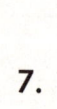 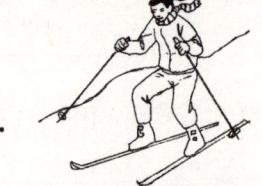
7.

 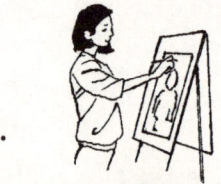
8.

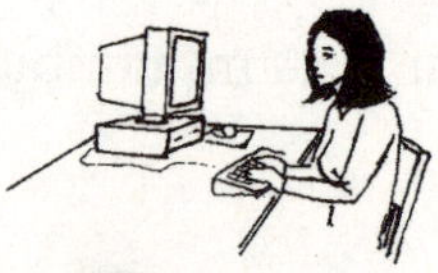

11.

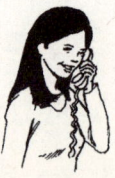
12.

20 Repaso del capítulo — Crucigrama

Capítulo 1A

Nombre _____ Hora _____

Fecha _____ Core Practice **1A-9**

Organizer

I. Vocabulary

Activities I like to do
_____
_____
_____
_____
_____

Activities I may not like to do
_____
_____
_____
_____
_____

Words to say what I like to do
_____
_____
_____

Words to say what I don't like to do
_____
_____
_____

Words to ask what others like to do
_____
_____
_____
_____

II. Grammar

1. The infinitive in English is expressed by writing the word _____ before a verb. In Spanish the infinitive is expressed by the verb endings _____, _____, and _____.

2. In order to say that something doesn't happen in Spanish, use the word _____ before the verb.

3. Use the word _____ to agree with someone who likes something. Use the word _____ to agree with someone who dislikes something.

4. If you do not like either of two choices, use the word _____.

Capítulo 1B

Nombre _____ Hora _____

Fecha _____ Core Practice **1B–1**

¿Cómo es?

At school you see many different types of people. Describe each person you see in the picture by writing the appropriate adjective on the corresponding blank.

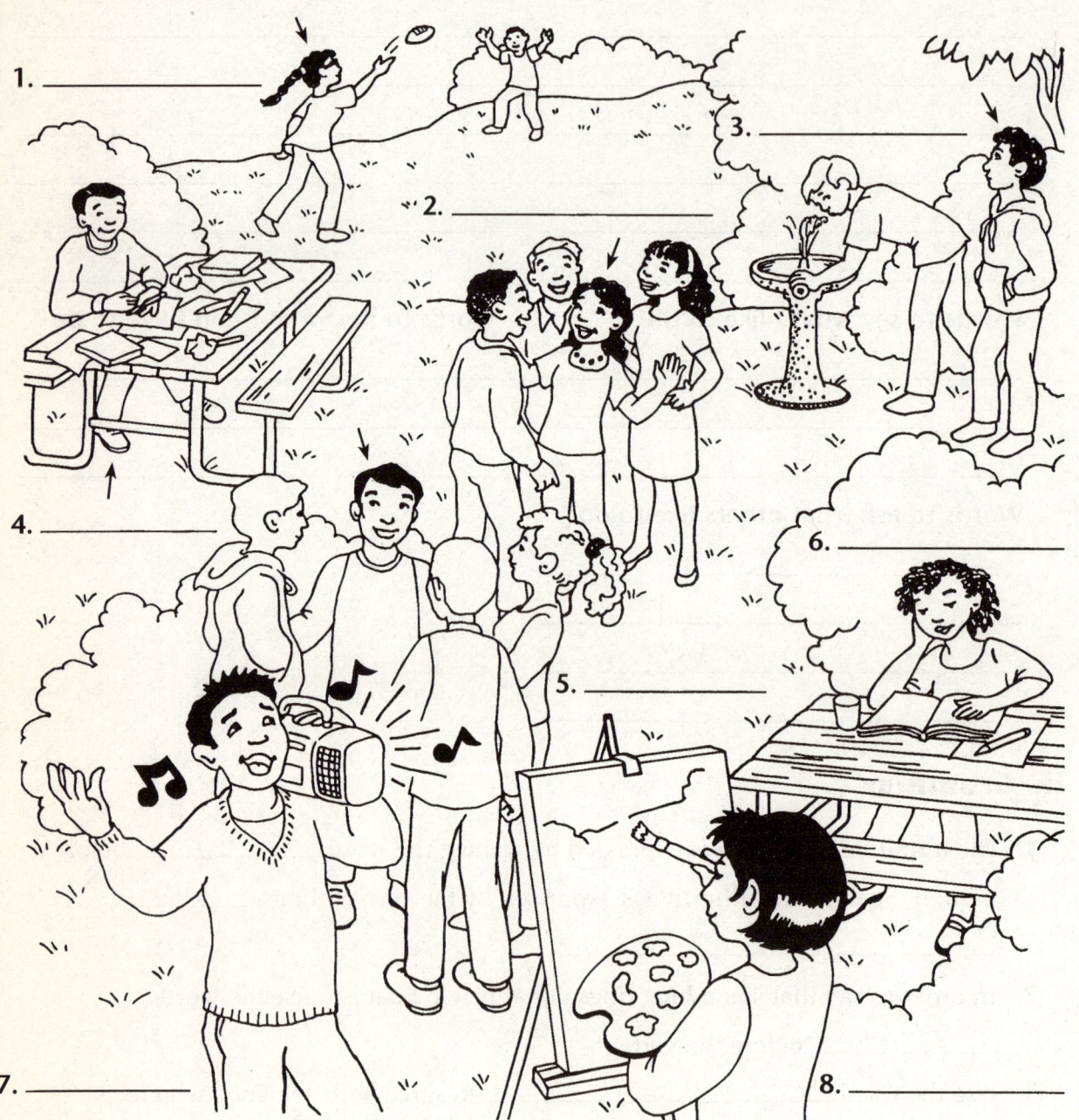

1. _____
2. _____
3. _____
4. _____
5. _____
6. _____
7. _____
8. _____

22 Vocabulario en contexto

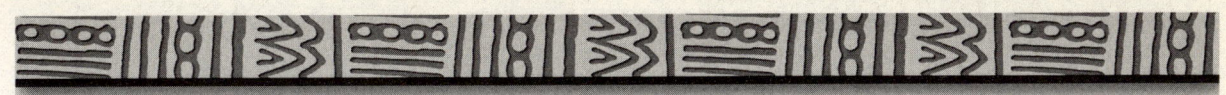

Capítulo 1B Nombre _____ Hora _____
Fecha _____ Core Practice **1B–2**

Un juego de descripción

Each picture below represents a personality trait. Unscramble the word to identify each trait. Write down the trait, and then circle the picture that corresponds to the unscrambled word.

1. 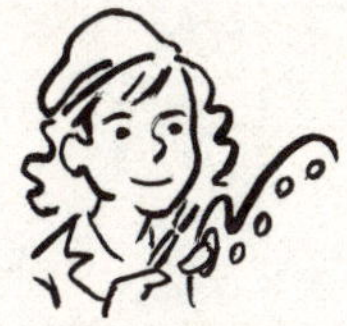 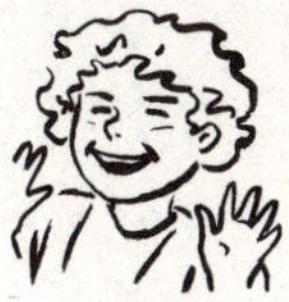 ísiattcar _____

2. 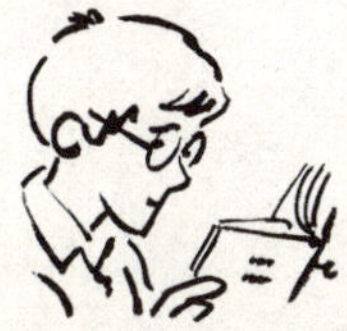 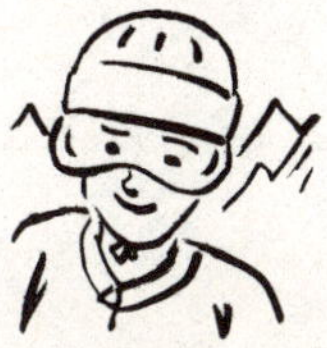 rvoidate _____

3. 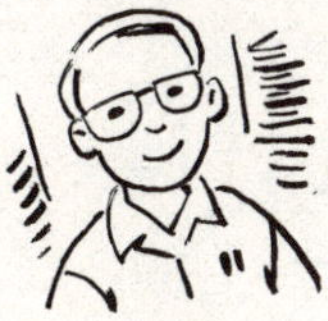 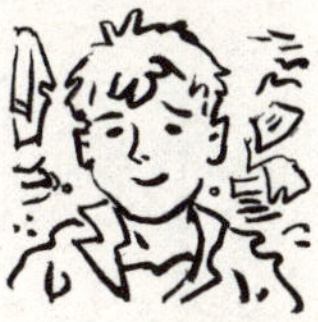 ddonaesdreo _____

4. 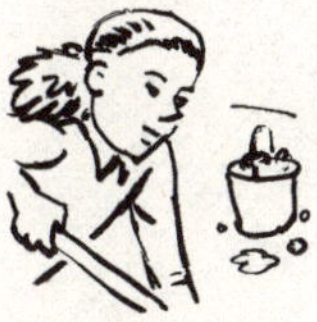 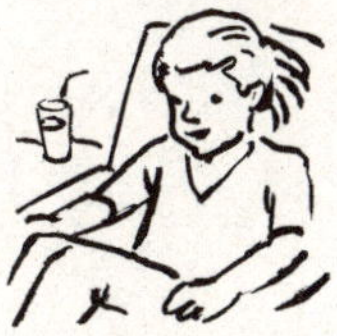 jadartobaar _____

5. 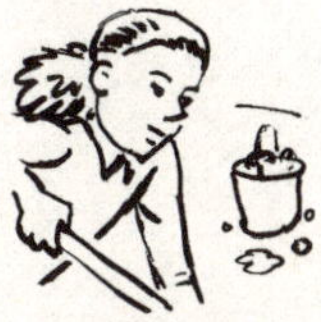 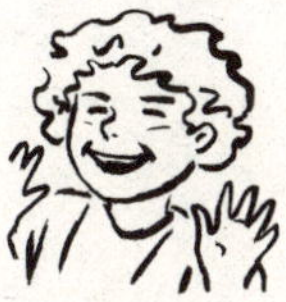 iacoarsg _____

6. 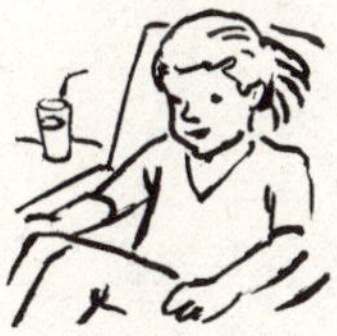 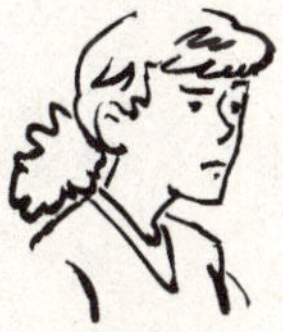 zeerosap _____

7. 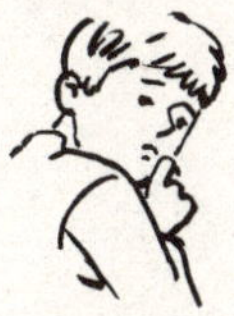 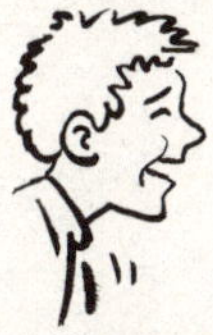 vesrdoaer _____

8. 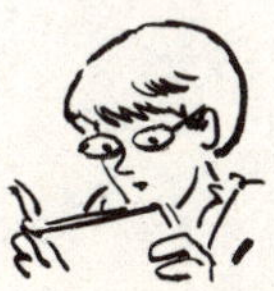 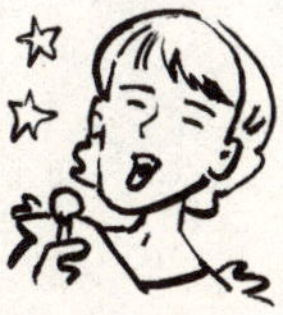 utoiesdas _____

Vocabulario en contexto **23**

Capítulo 1B

Core Practice 1B–3

¿Cómo eres?

Tito is interviewing Jorge and Ana, two new students from Costa Rica. Tito's questions are written below, but most of Jorge's and Ana's answers are missing. Complete their answers, using the model to help you.

Modelo TITO: Ana, ¿eres perezosa?

ANA: No, _no soy perezosa_.

1. TITO: Jorge, ¿eres talentoso?

    JORGE: Sí, _____.

2. TITO: Ana, ¿eres estudiosa?

    ANA: Sí, _____.

3. TITO: Jorge, ¿eres desordenado?

    JORGE: No, _____.

4. TITO: Ana, ¿eres deportista?

    ANA: No, _____.

5. TITO: Jorge, ¿eres sociable?

    JORGE: Sí, _____.

6. TITO: Ana, ¿eres paciente?

    ANA: No, _____.

7. TITO: Jorge, ¿eres inteligente?

    JORGE: Sí, _____.

8. TITO: Ana, ¿eres artística?

    ANA: No, _____.

Vocabulario en contexto

Capítulo 1B

Nombre
Hora
Fecha
Core Practice **1B-4**

¿Qué les gusta?

Based on what each person likes to do, write a description of him or her. Follow the model.

Modelo A Roberto le gusta esquiar.

Roberto es atrevido.

1. A Esteban le gusta tocar la guitarra.

2. A Pedro le gusta hablar por teléfono.

3. A Claudia le gusta practicar deportes.

4. A Teresa le gusta estudiar.

5. A Luz no le gusta trabajar.

6. A Manuela le gusta ir a la escuela.

7. A Carmen le gusta pasar tiempo con amigos.

8. A Lucía le gusta dibujar.

Vocabulario en contexto

Capítulo 1B

Nombre _____ **Hora** _____

Fecha _____ Core Practice **1B–5**

Me gusta . . .

Some new exchange students at your school are introducing themselves. Using the model as a guide, fill in the blanks in their statements with the actions and adjectives suggested by the pictures. Do not forget to use the correct (masculine or feminine) form of the adjective.

Modelo  A mí _me gusta leer_ .
Yo _soy inteligente_ .

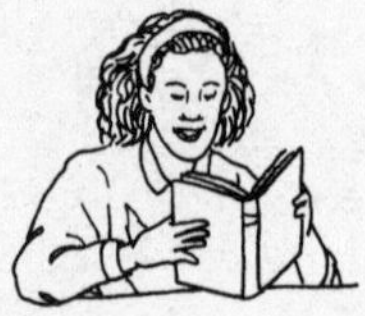

1. 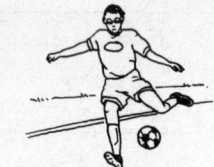 A mí _____ .
Yo _____ .

2. 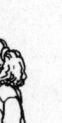 A mí _____ .
Yo _____ .

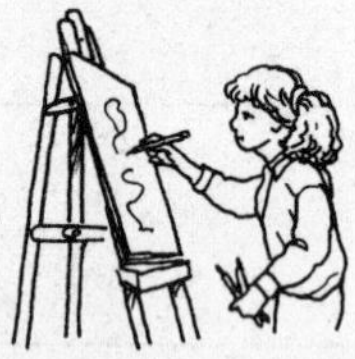

3.   A mí _____ .
Yo _____ .

4. 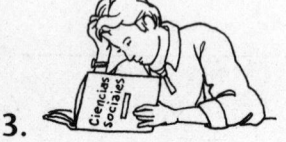 A mí _____ .
Yo _____ .

5. 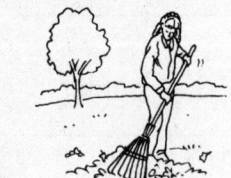 A mí _____ .
Yo _____ .

6. 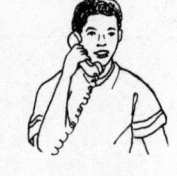 A mí _____ .
Yo _____ .

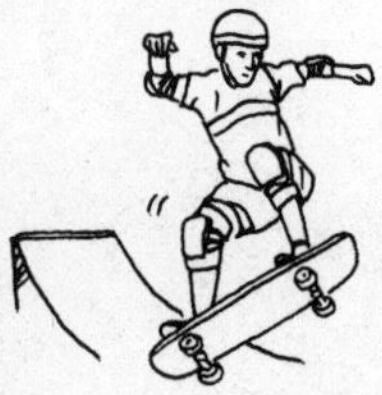

Gramática y vocabulario en uso

Capítulo 1B — Core Practice **1B-6**

¿Un o una?

A. Look at the drawings below and decide if they represent masculine or feminine words. Then, label the item in the space provided. Don't forget to use the appropriate indefinite article (**un** or **una**).

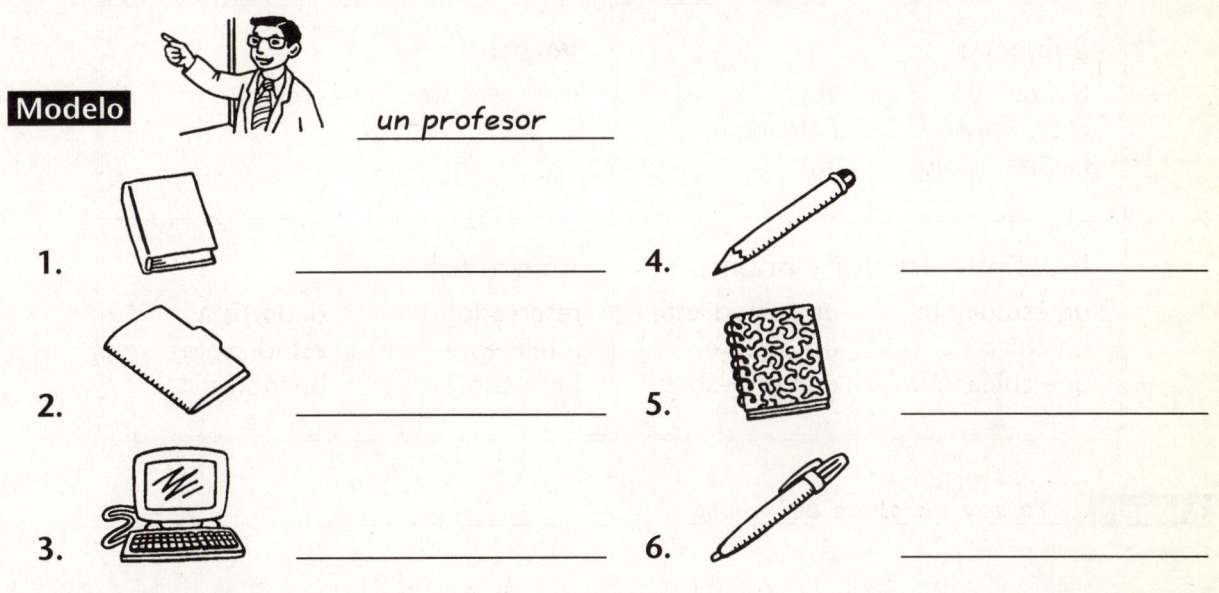

Modelo: un profesor

1. _____
2. _____
3. _____
4. _____
5. _____
6. _____

B. Now, look at the drawings below and describe each person. Make sure to use all the words from the word bank. Don't forget to use the correct definite article (**el** or **la**) and to make the adjectives agree with the nouns.

| estudiante | familia | chico | chica | profesor | profesora |

Modelo: La estudiante es trabajadora.

1. _____
2. _____
3. _____
4. _____
5. _____
6. _____

Gramática y vocabulario en uso **27**

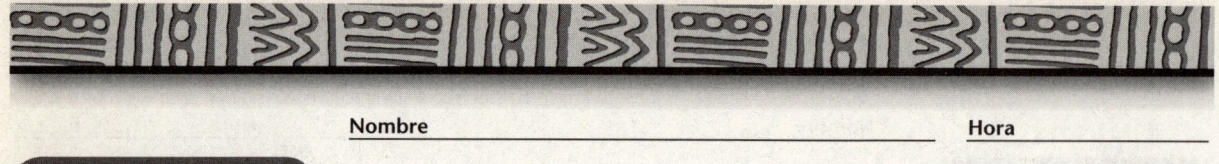

Capítulo 1B

Nombre _____ Hora _____

Fecha _____ Core Practice **1B–7**

Oraciones completas

Choose sentence parts from each of the word banks below, then put them in the correct order to form complete sentences. Follow the model.

Subjects:		**Verbs:**		
Marta	Yo	es	soy	eres
El Sr. Brown	Rolando			
La Srta. Moloy	Tú			

Indefinite articles + nouns:		**Adjectives:**	
un estudiante	una estudiante	reservado(a)	deportista
un chico	un profesor	inteligente	estudioso(a)
una chica	una profesora	perezoso(a)	bueno(a)

Modelo   Yo soy un chico estudioso.

1. _____
2. _____
3. _____
4. _____
5. _____
6. _____
7. _____
8. _____
9. _____
10. _____

Gramática y vocabulario en uso

Capítulo 1B

Core Practice 1B-8

Repaso

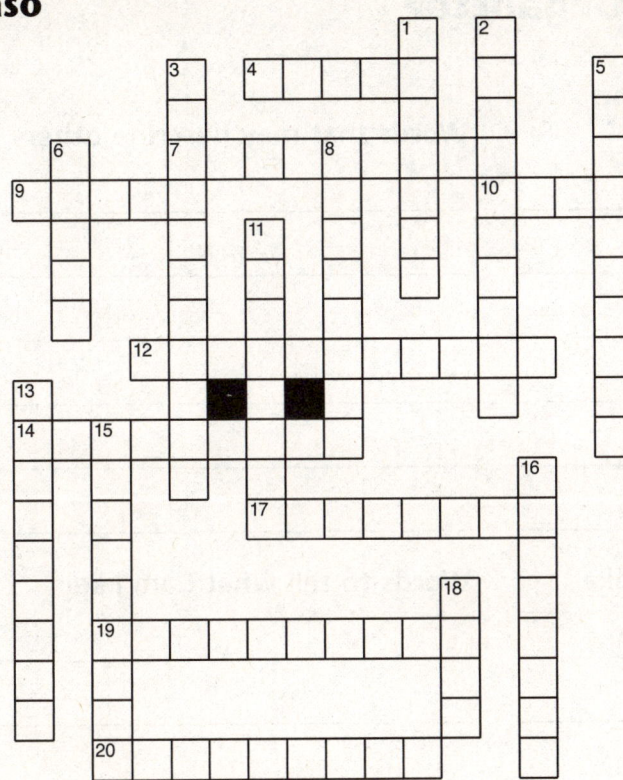

Down

1. según mi ____
2. no paciente
3. no ordenado
5. Un chico/una chica que practica deportes es ____.
6. *I like:* "Me ____."
8.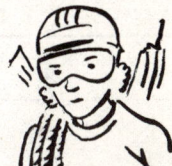
11. No es trabajador. Es ____.
13.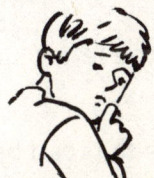
15.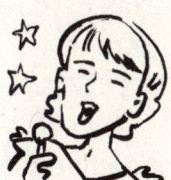
16. Le gusta pasar tiempo con amigos. Es ____.
18. —¿Cómo ____?
    —Soy sociable.

Across

4.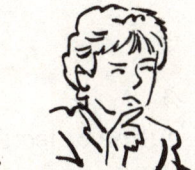
7. *nice, friendly*
9. no es malo, es ____
10. ¿____ se llama?
12.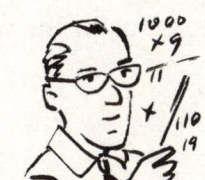
14.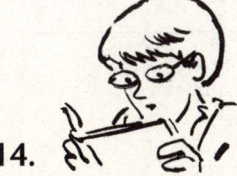
17.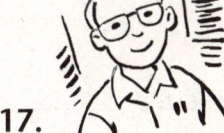
19.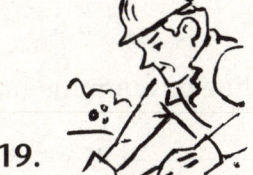
20.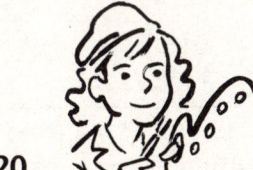

Repaso del capítulo — *Crucigrama* 29

Capítulo 1B

Nombre _____ Hora _____

Fecha _____ Core Practice **1B-9**

Organizer

I. Vocabulary

Words that describe me

_____
_____
_____
_____
_____

Words that may describe others

_____
_____
_____
_____
_____

Words to ask what someone is like

_____
_____
_____
_____

Words to tell what I am like

_____
_____
_____
_____

II. Grammar

1. Most feminine adjectives end with the letter _____. Most masculine adjectives end with the letter _____.

2. Adjectives that can be either masculine or feminine may end with the letters _____ (as in the word _____) or the letter _____ (as in the word _____).

3. The two singular definite articles are _____ and _____. The two singular indefinite articles are _____ and _____.

4. In Spanish, adjectives come (before/after) the nouns they describe.

Capítulo 2A

Core Practice **2A–1**

Las clases

A. Write the name of the item, and the school subject for which you might use it, in the appropriate column below.

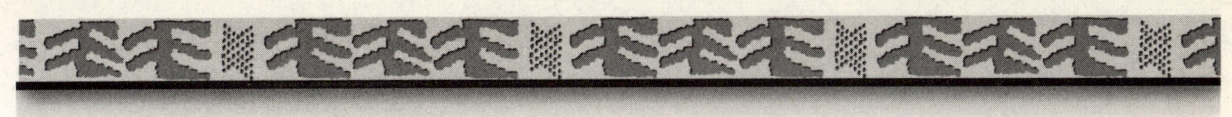

¿Qué es?	¿Para qué clase?
1. _____	1. _____
2. _____	2. _____
3. _____	3. _____
4. _____	4. _____
5. _____	5. _____
6. _____	6. _____

B. Now, unscramble the letters in each word below to find out what classes you have today and what you need to bring to school.

1. éilsgn: la clase de _____
2. trea: la clase de _____
3. ncoridcoiia: el _____
4. zlpiá: el _____
5. aduclcralao: la _____
6. ngtíalceoo: la clase de _____
7. birol: el _____
8. lpsñoea: la clase de _____
9. cámtmeistaa: la clase de _____
10. rteaa: la _____

Vocabulario en contexto **31**

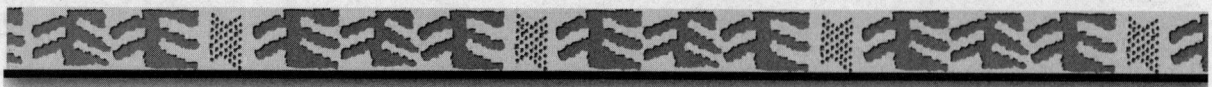

Capítulo 2A

Nombre _____

Hora _____

Fecha _____

Core Practice **2A–2**

El horario

You have just received your class schedule. Using the model as a guide, write sentences to describe which classes you have and when you have them.

Horario

Hora	Clase
1	inglés
2	matemáticas
3	arte
4	ciencias sociales
5	el almuerzo
6	tecnología
7	español
8	educación física
9	ciencias naturales

Modelo Tengo _la clase de inglés_ en _la primera hora_.

1. Tengo _____ en _____.
2. Tengo _____ en _____.
3. Tengo _____ en _____.
4. Tengo _____ en _____.
5. Tengo _____ en _____.
6. Tengo _____ en _____.
7. Tengo _____ en _____.
8. Tengo _____ en _____.

32 *Vocabulario en contexto*

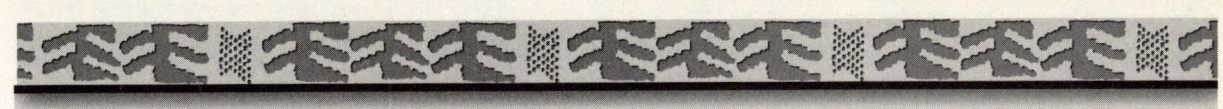

Capítulo 2A

Nombre _____ Hora _____

Fecha _____ Core Practice **2A–3**

¿Cómo son las clases?

Your friend Marcos is curious about which classes you like and which ones you don't like. Answer his questions using adjectives that you have learned in this chapter. Follow the model.

Modelo ¿Te gusta la clase de matemáticas?

Sí, _es interesante_ .

1. — ¿Te gusta la clase de tecnología?

   — Sí, _____ .

2. — ¿Te gusta la clase de español?

   — Sí, _____ .

3. — ¿Te gusta la clase de matemáticas?

   — No, _____ .

4. — ¿Te gusta la clase de ciencias sociales?

   — Sí, _____ .

5. — ¿Te gusta la clase de ciencias naturales?

   — No, _____ .

6. — ¿Te gusta la clase de educación física?

   — No, _____ .

7. — ¿Te gusta la clase de inglés?

   — Sí, _____ .

8. — ¿Te gusta la clase de arte?

   — Sí, _____ .

Vocabulario en contexto

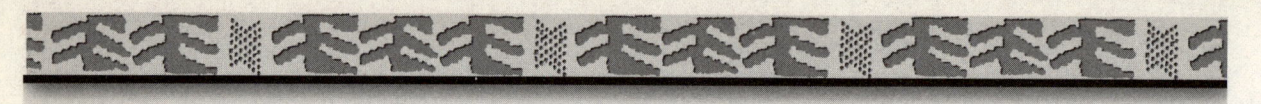

Capítulo 2A

Nombre _____ Hora _____

Fecha _____ Core Practice **2A–4**

¿Qué necesitas?

You are getting ready for school, and your mother wants to make sure you have everything. Answer her questions according to the model.

Modelo MAMÁ: ¿Tienes la tarea?
TÚ: Sí, _tengo la tarea_ .

1. MAMÁ: ¿Tienes un libro?

   TÚ: Sí, _____ .

2. MAMÁ: ¿Necesitas una calculadora?

   TÚ: No, _____ .

3. MAMÁ: ¿Tienes una carpeta de argollas para la clase de matemáticas?

   TÚ: No, _____ .

4. MAMÁ: ¿Necesitas un diccionario para la clase de español?

   TÚ: Sí, _____ .

5. MAMÁ: ¿Tienes el cuaderno para la clase de arte?

   TÚ: No, _____ .

6. MAMÁ: ¿Tienes un lápiz?

   TÚ: Sí, _____ .

7. MAMÁ: ¿Necesitas el horario?

   TÚ: No, _____ .

8. MAMÁ: ¿Tienes un bolígrafo?

   TÚ: Sí, _____ .

Vocabulario en contexto

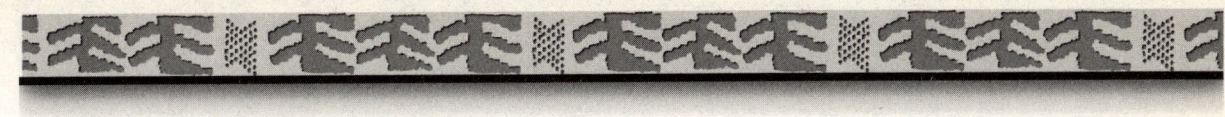

Capítulo 2A Core Practice **2A–5**

¡Todo el mundo!

A. How would you talk *about* the following people? Write the correct subject pronoun next to their names. Follow the model.

Modelo Marisol _____ella_____

1. Pablo _____
2. María y Ester _____
3. Marta y yo _____
4. Tú y Marisol _____
5. El doctor Smith _____
6. Jorge y Tomás _____
7. Carmen _____
8. Alicia y Roberto _____
9. Rolando y Elena _____

B. How would you talk *to* the following people? Write the correct subject pronoun next to their names. Follow the model.

Modelo Tu amiga Josefina _____tú_____

1. El profesor Santiago _____
2. Marta y Carmen _____
3. Anita y yo _____
4. Tu amigo Federico _____
5. La señorita Ibáñez _____
6. Ricardo _____
7. La profesora Álvarez _____

Capítulo 2A

Nombre _____ Hora _____

Fecha _____ Core Practice **2A–6**

El verbo exacto

A. Fill in the chart below with all the forms of the verbs given.

	yo	tú	él/ella/Ud.	nosotros/nosotras	vosotros/vosotras	ellos/ellas/Uds.
hablar	*hablo*				*habláis*	*hablan*
estudiar				*estudiamos*	*estudiáis*	
enseñar		*enseñas*			*enseñáis*	
usar					*usáis*	
necesitar			*necesita*		*necesitáis*	

B. Now, fill in the blanks in the following sentences with the correct forms of the verbs in parentheses.

1. Ella _____ inglés. (estudiar)
2. Yo _____ mucho. (bailar)
3. Nosotros _____ por teléfono. (hablar)
4. Ellos _____ la computadora durante la primera hora. (usar)
5. ¿Quién _____ un bolígrafo? (necesitar)
6. Tú _____ en bicicleta mucho, ¿no? (montar)
7. Uds. _____ muy bien en la clase de arte. (dibujar)
8. Nosotras _____ hoy, ¿no? (patinar)
9. El profesor _____ la lección. (enseñar)
10. Ana y María _____ el libro de español. (necesitar)
11. Jaime _____ todos los días. (caminar)
12. Dolores y yo _____. (bailar)
13. Tú y tus amigos _____ muy bien. (cantar)

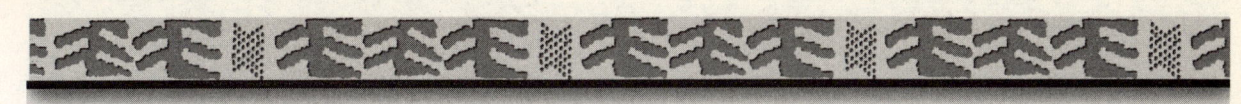

Capítulo 2A

Core Practice 2A–7

¿Qué hacen hoy?

A. Today everyone is doing what he or she likes to do. Follow the model to complete sentences about what everyone is doing.

Modelo A Luisa le gusta bailar. Hoy _ella baila_.

1. A ti te gusta cantar. Hoy _____.
2. A mí me gusta hablar por teléfono. Hoy _____.
3. A Francisco le gusta patinar. Hoy _____.
4. A Ud. le gusta dibujar. Hoy _____.
5. A Teresa le gusta practicar deportes. Hoy _____.

B. Using the pictures to help you, tell what everyone is doing today. Follow the model.

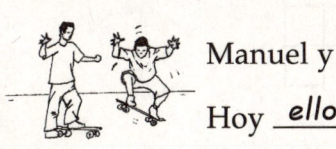

Modelo Manuel y Carlos
Hoy _ellos montan en monopatín_.

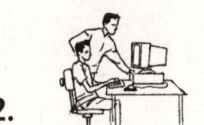

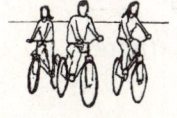

1. Amelia y yo
Hoy _____.

2. tú y Roberto
Hoy _____.

3. Cristina, Miguel y Linda
Hoy _____.

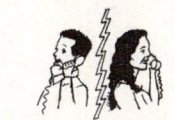

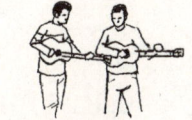

4. tú y yo
Hoy _____.

5. Joaquín y Jaime
Hoy _____.

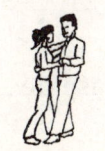

6. Sofía y Tomás
Hoy _____.

Capítulo 2A

Core Practice 2A-8

Repaso

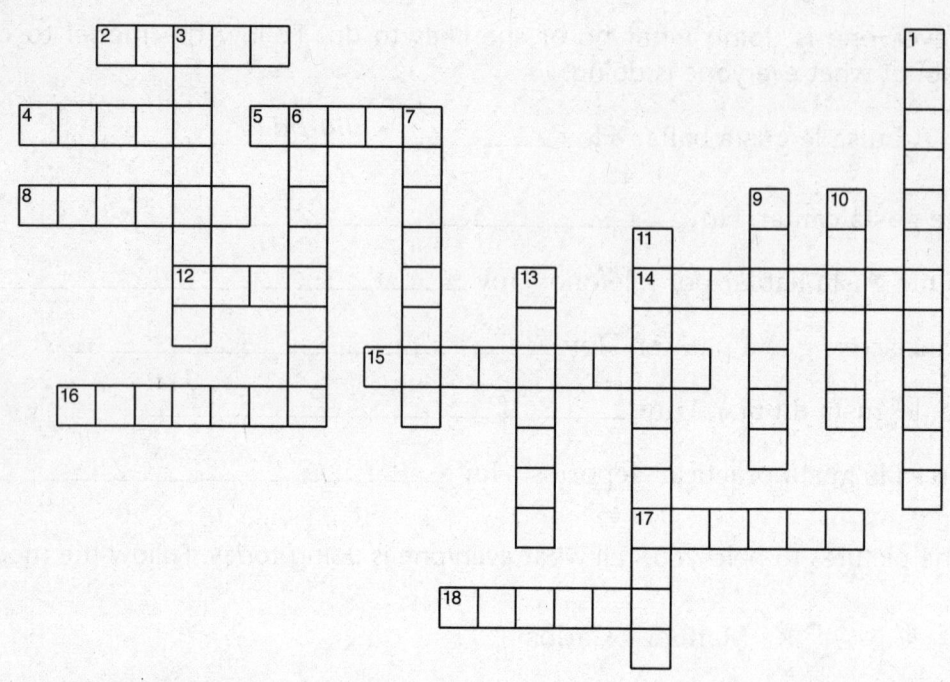

Across

2. No es difícil. Es ___.
4. la ___ de español
5. *homework*
8. educación ___
12. el ___
14. no divertida
15. **ciencias** ___: *science*
16. ___, octavo, noveno
17. el ___
18. La profesora ___ la clase.

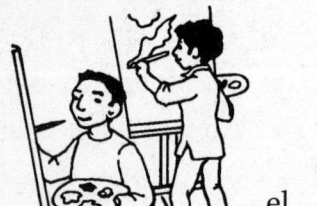

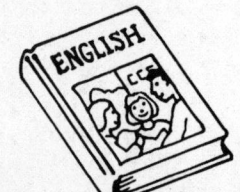

Down

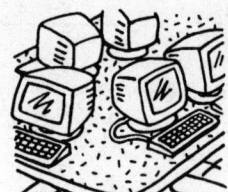

1. ___ las ___
3. ___ **sociales**: *social studies*
6. *lunch*
7. carpeta de ___
9. *schedule*
10. cuarta, ___, sexta
11. la clase de ___
13. primero, segundo, ___

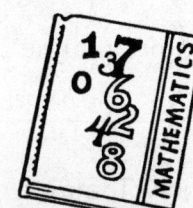

38 *Repaso del capítulo* — *Crucigrama*

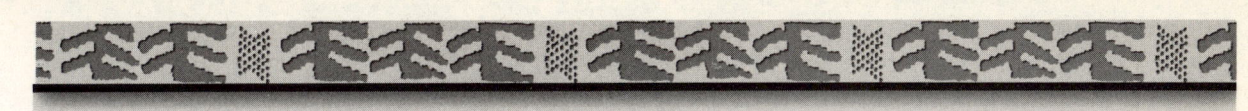

Capítulo 2A

Nombre _____ Hora _____

Fecha _____ Core Practice **2A–9**

Organizer

I. Vocabulary

Classes I take in school
_____
_____
_____
_____
_____

Words used to refer to people
_____
_____
_____
_____
_____

Words to talk about the order of things
_____
_____
_____
_____
_____
_____
_____

Words to describe my classes
_____
_____
_____
_____
_____
_____

II. Grammar

1. The following are subject pronouns in Spanish:

   _____, _____, _____, _____, _____,
   _____, _____, _____, _____, _____

2. Use _____ to address someone formally. Use _____ to address someone informally.

3. The **-ar** verb endings are: _____ _____ _____ _____ _____ _____

   Now conjugate the verb **hablar**: _____ _____

   _____ _____

   _____ _____

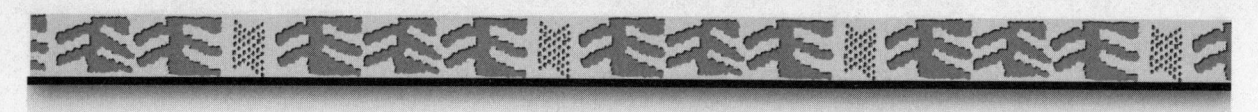

Capítulo 2B

Nombre _____ Hora _____

Fecha _____ Core Practice **2B-1**

En la clase

Label the items in this Spanish class. Make sure to use the correct definite article (**el** or **la**).

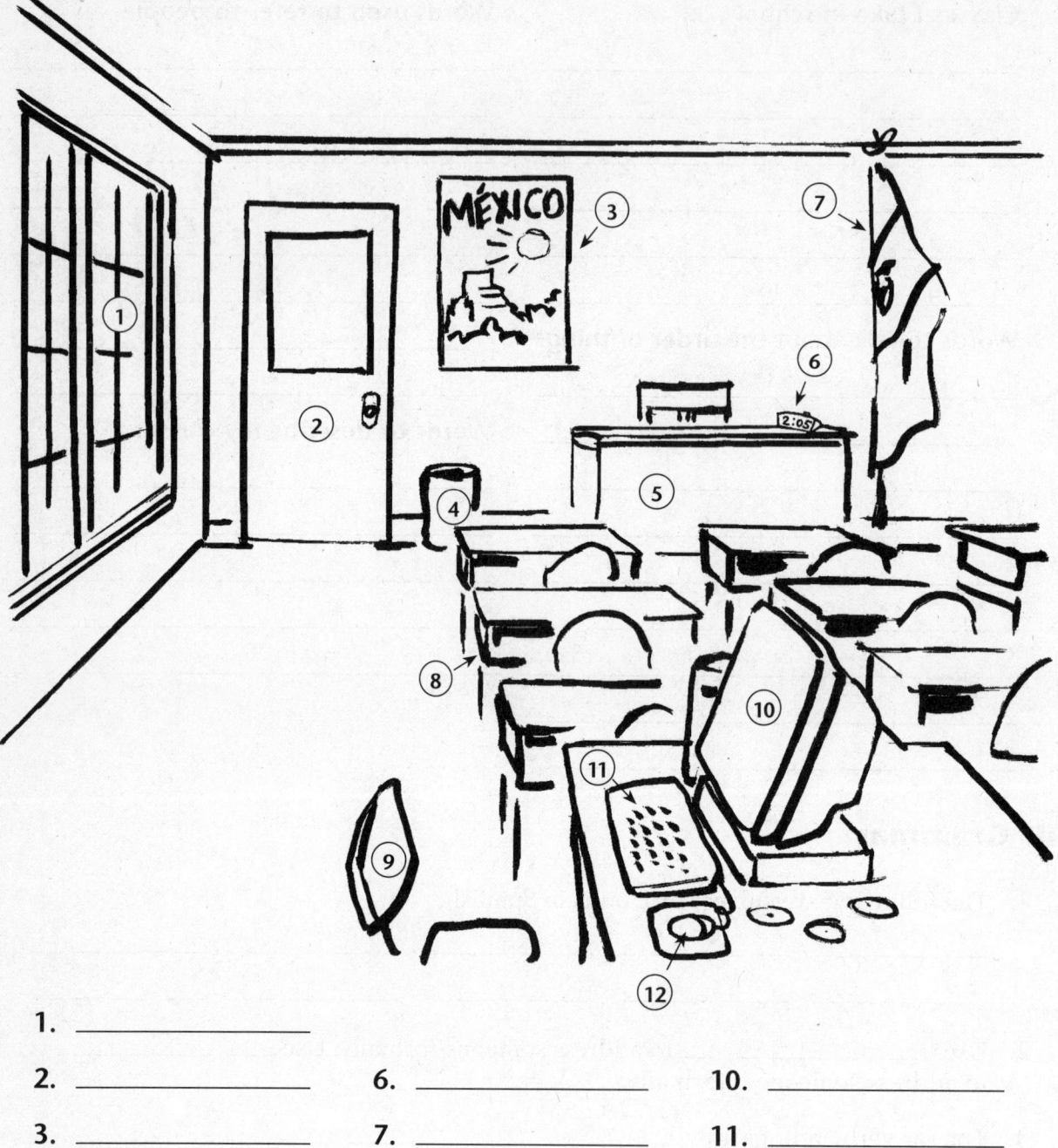

1. _____
2. _____
3. _____
4. _____
5. _____
6. _____
7. _____
8. _____
9. _____
10. _____
11. _____
12. _____

40 *Vocabulario en contexto*

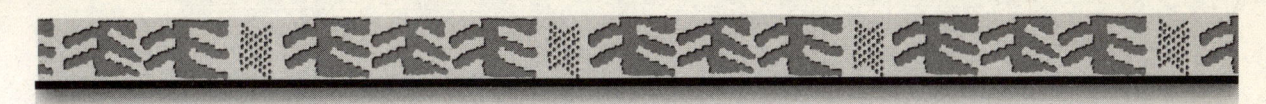

Capítulo 2B

Core Practice 2B–2

¡Mucha confusión!

You come home after school to find a scene of great confusion in your kitchen. Look at the picture, then describe what you see by filling in the blanks in the sentences below with the appropriate words to indicate location.

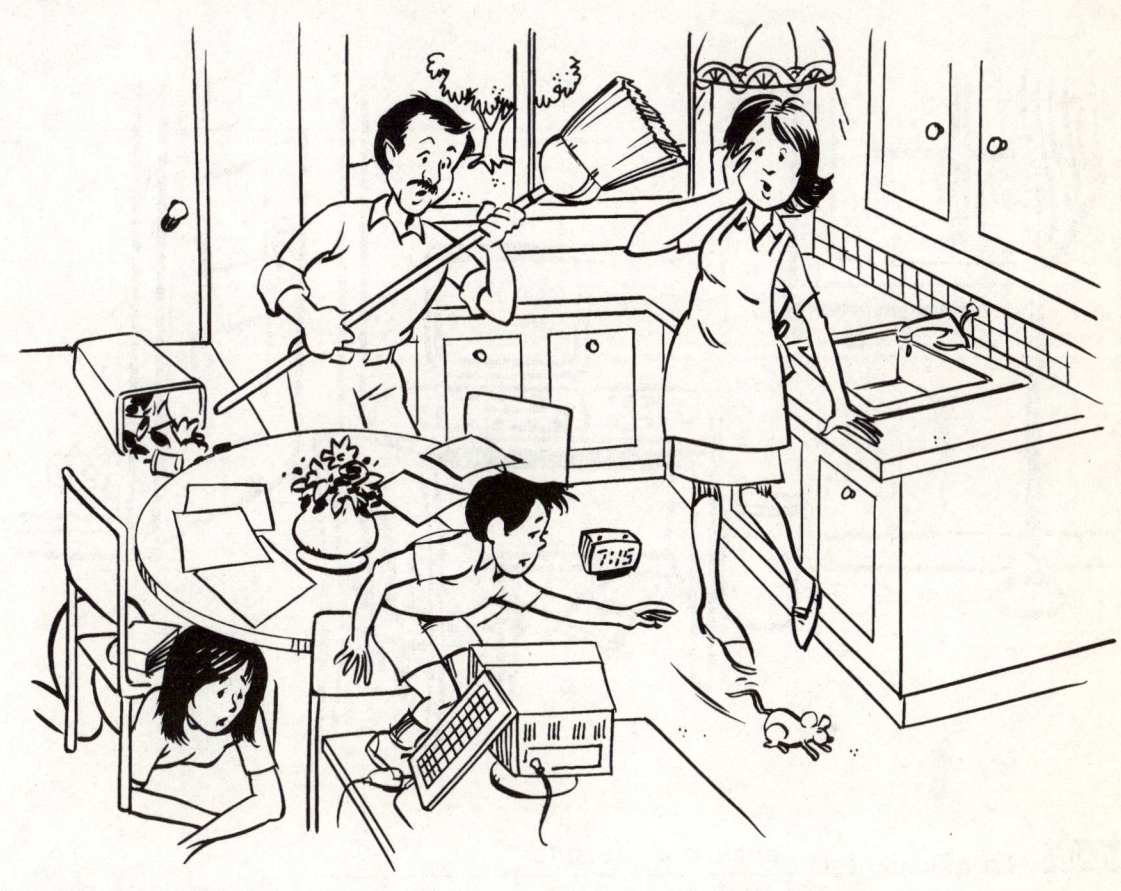

1. Paquito está _____ del escritorio.
2. Mamá está _____ de la luz (*the light*).
3. Papá está _____ de la ventana.
4. La papelera está _____ de la puerta.
5. Las hojas de papel están _____ de la mesa.
6. Carmen está _____ de la silla.
7. El reloj está _____ de la mesa.
8. El libro está _____ de la silla.
9. El teclado está _____ de la pantalla.

Vocabulario en contexto 41

Capítulo 2B

Nombre _____ Hora _____

Fecha _____ Core Practice **2B–3**

¿Dónde está?

Rosario is describing the room where she studies to a friend of hers on the phone. Using the picture below, write what she might say about where each item is located. There may be more than one right answer. Follow the model.

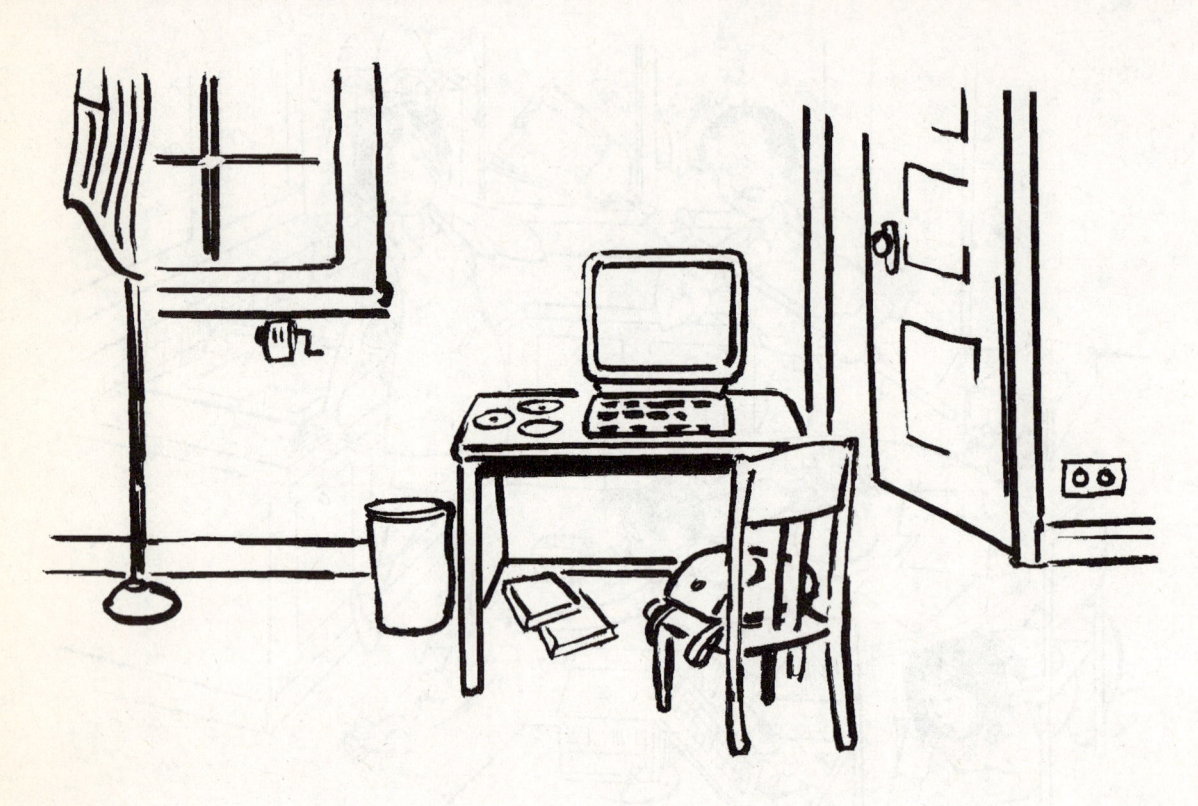

Modelo La mochila está _encima de la silla_.

1. El escritorio está _____.
2. La computadora está _____.
3. La papelera está _____.
4. El teclado está _____.
5. Una bandera de los Estados Unidos está _____.
6. La silla está _____.
7. El sacapuntas está _____.
8. Los libros de español están _____.

42 *Vocabulario en contexto*

Capítulo 2B

Core Practice **2B-4**

¿Qué es esto?

Complete the following conversations that you overhear in school.

1. A: ¿_____ estudiantes hay en la clase?
   B: _____ veintidós estudiantes en la clase.

2. A: ¿_____?
   B: Es la mochila.

3. A: ¿_____ está la computadora?
   B: Está allí, al lado de las ventanas.

4. A: ¿_____ una bandera en la sala de clases?
   B: Sí, la bandera está allí.

5. A: ¿Dónde están los estudiantes?
   B: Los estudiantes _____ la clase de inglés.

6. A: ¿Dónde está el teclado?
   B: Está delante _____ la pantalla.

7. A: ¿Dónde está el diccionario?
   B: _____ está, debajo del escritorio.

8. A: ¿Qué hay _____ la mochila?
   B: Hay muchos libros.

Vocabulario en contexto **43**

Capítulo 2B — Core Practice **2B–5**

¿Dónde están?

Spanish teachers are conversing in the faculty room. Fill in their conversations using the correct form of the verb **estar**.

1. — ¡Buenos días! ¿Cómo _____ Ud., Sra. López?

   — _____ bien, gracias.

2. — ¿Dónde _____ Raúl hoy? No _____ en mi clase.

   — ¿Raúl? Él _____ en la oficina.

3. — Yo no tengo mis libros. ¿Dónde _____?

   — Sus libros _____ encima de la mesa, profesor Martínez.

4. — ¿Cuántos estudiantes _____ aquí?

   — Diecinueve estudiantes _____ aquí. Uno no _____ aquí.

5. — ¿Dónde _____ mi diccionario?

   — El diccionario _____ detrás del escritorio.

6. — ¿Cómo _____ los estudiantes hoy?

   — Teresa _____ bien. Jorge y Bernardo _____ regulares.

7. — Bien, profesores, ¿_____ nosotros listos (*ready*)? Todos los estudiantes _____ en la clase.

Capítulo 2B

Core Practice 2B–6

Muchas cosas

A. Fill in the chart below with singular and plural, definite and indefinite forms of the words given. The first word has been completed.

Definite		Indefinite	
singular	plural	singular	plural
la silla	las sillas	una silla	unas sillas
		un cuaderno	
			unos estudiantes
	las computadoras		
la mochila			
			unos relojes
		una bandera	
la profesora			

B. Now, fill in each sentence below with words from the chart.

1. Pablo, ¿necesitas _____ de los Estados Unidos? Aquí está.

2. Marta, ¿tienes _____? ¿Qué hora es?

3. Hay _____ Macintosh en la sala de clases.

4. _____ está en la sala de clases. Ella enseña la clase de tecnología.

5. Necesito _____ buena. Tengo muchos libros.

Capítulo 2B

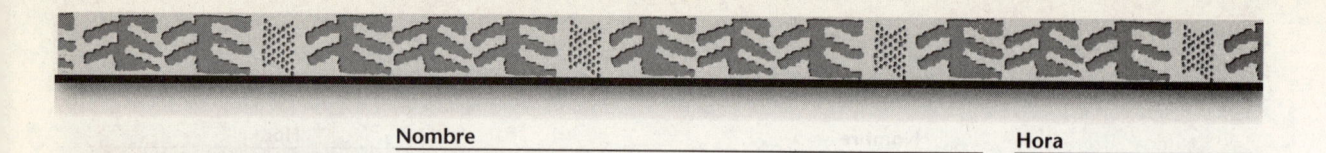

Nombre _____ Hora _____

Fecha _____ Core Practice **2B–7**

¡Aquí está!

It was a very busy afternoon in your classroom, and things got a little out of order. Write eight sentences describing where things are to help your teacher find everything.

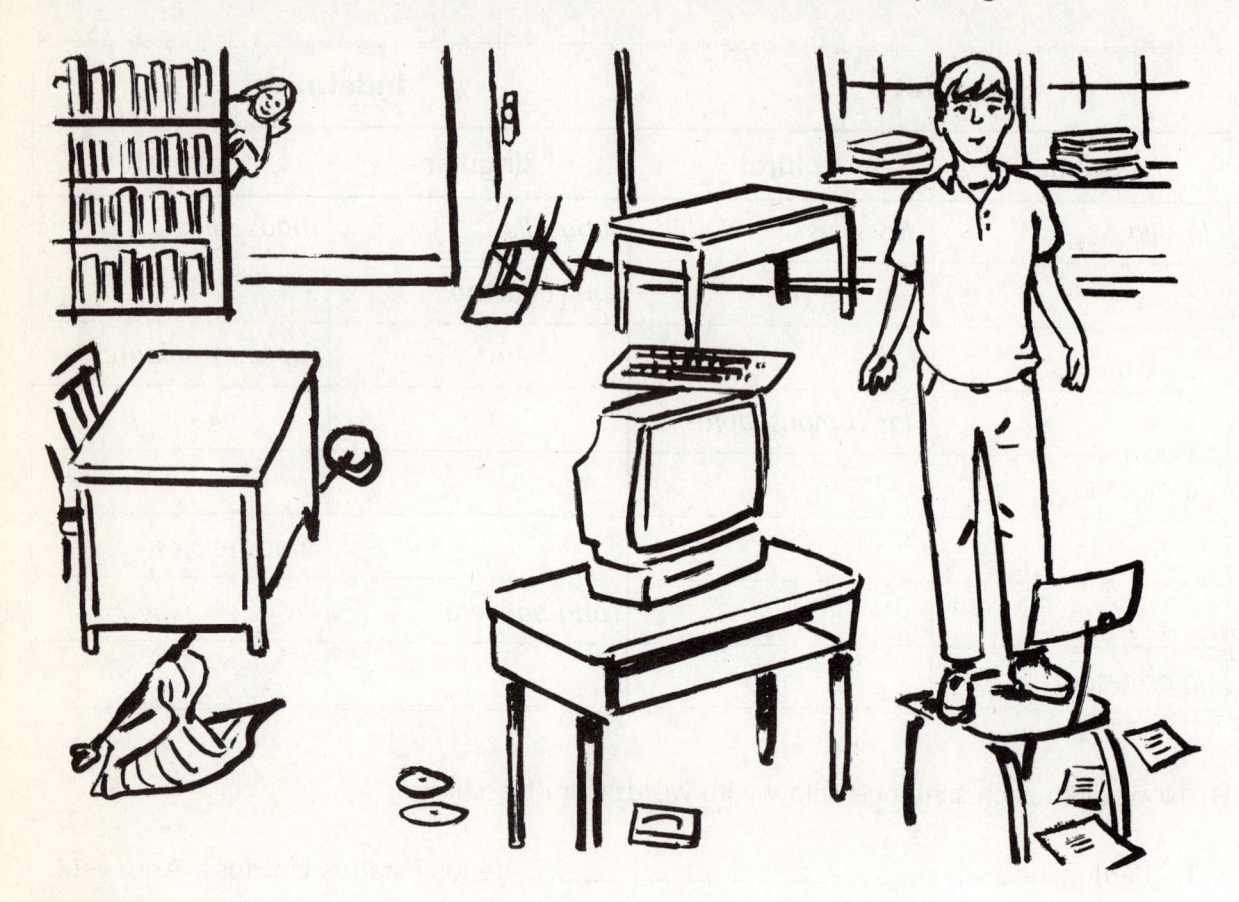

Modelo _El escritorio está debajo de la computadora_.

1. _____
2. _____
3. _____
4. _____
5. _____
6. _____
7. _____
8. _____

46 *Gramática y vocabulario en uso*

Capítulo 2B

Core Practice 2B–8

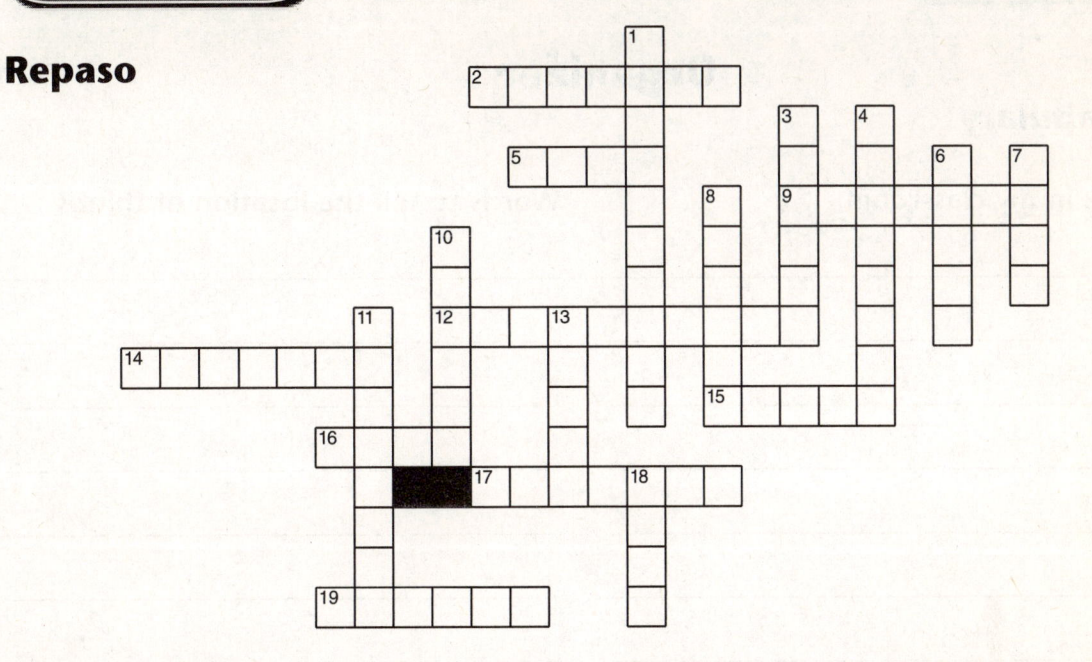

Repaso

Across

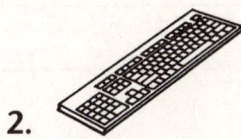

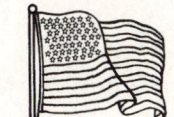

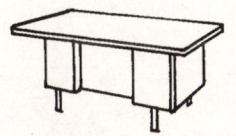

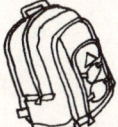

2. [keyboard]
5. la ___ de clases
9. [flag]
12. [desk]
14. [backpack]
15. La ___ está detrás del pupitre.
16. La computadora está en la ___.
17. window
19. [poster]

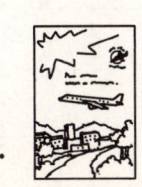

Down

1. pencil sharpener
3. no está encima de, está ___ de
4. [computer screen]
6. [clock]
7. al ___ de: next to
8. no delante
10. [door]
11. [wastebasket]
13. mouse
18. No estás aquí, estás ___.

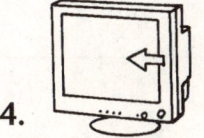

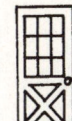

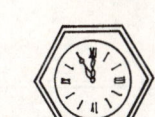

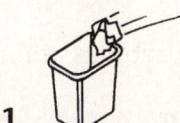

Repaso del capítulo — Crucigrama 47

Capítulo 2B

Nombre _____ Hora _____

Fecha _____ Core Practice **2B–9**

Organizer

I. Vocabulary

Items in my classroom

_____
_____
_____
_____
_____
_____
_____
_____
_____
_____
_____
_____

Words to tell the location of things

_____
_____
_____
_____
_____
_____
_____
_____
_____
_____

II. Grammar

1. The forms of **estar** are: _____ _____

   _____ _____

   _____ _____

2. _____ and _____ are the singular definite articles in Spanish. Their plurals are _____ and _____.

3. The singular indefinite articles are _____ and _____ in Spanish. Their plurals are _____ and _____.

48 Repaso del capítulo — Vocabulario y gramática

Capítulo 3A

Nombre _____ Hora _____

Fecha _____

Core Practice **3A–1**

Tus comidas favoritas

You are getting ready to travel as an exchange student to Spain and you are e-mailing your host family your opinions on different foods. Circle the name of the food item that best completes each sentence below.

1. En el desayuno, yo como ___
   a. cereal.   **b.** un sándwich.

2. Mi comida favorita es ___
   a. el té.   **b.** la pizza.

3. Mi fruta favorita es ___
   a. la fresa.   **b.** la sopa.

4. Para beber, yo prefiero ___
   a. los huevos.   **b.** los refrescos.

5. A mí me gusta el jugo de ___
   a. manzana.   **b.** salchicha.

6. En el almuerzo, yo como ___
   a. un sándwich.   **b.** cereal.

7. Cuando hace frío, yo bebo ___
   a. té helado.   **b.** té.

8. Un BLT es un sándwich de verduras con ___
   a. jamón.   **b.** tocino.

9. Cuando voy a un partido de béisbol, yo como ___
   a. la sopa.   **b.** un perrito caliente.

10. En un sándwich, prefiero ___
    a. el queso.   **b.** el yogur.

Vocabulario en contexto

Capítulo 3A

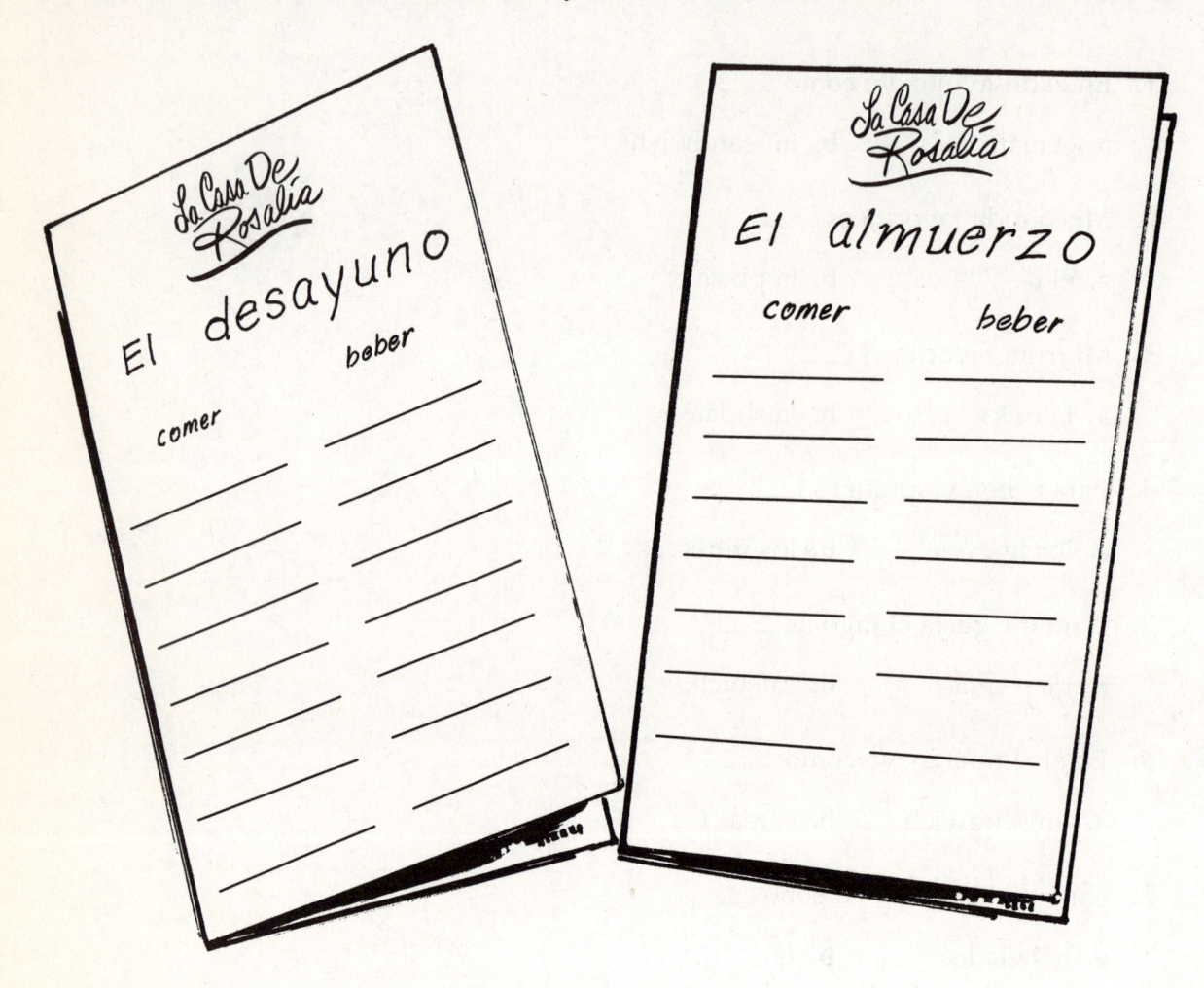

Nombre _____ Hora _____

Fecha _____ Core Practice **3A–2**

¿Desayuno o almuerzo?

Your aunt owns a restaurant and is making her breakfast and lunch menus for the day. Help her by writing the foods and beverages that you think she should serve for each meal in the right places on the menus. Some words may be used more than once.

La Casa De Rosalía

El desayuno

comer	beber
___	___
___	___
___	___
___	___
___	___
___	___
___	___

La Casa De Rosalía

El almuerzo

comer	beber
___	___
___	___
___	___
___	___
___	___
___	___
___	___

Vocabulario en contexto

Capítulo 3A Core Practice **3A–3**

Tus preferencias

You are asking Corazón, an exchange student from Venezuela, about various food items that she likes to eat. Use the pictures to help you complete Corazón's answers. Follow the model.

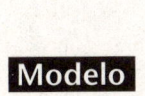

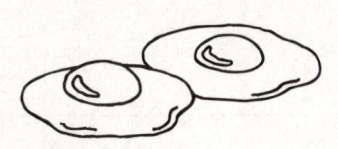

Modelo
TÚ: ¿Tú comes galletas?
CORAZÓN: No. _Yo como huevos_.

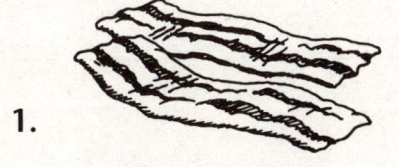

1. TÚ: ¿Tú comes salchichas?
CORAZÓN: No. _____.

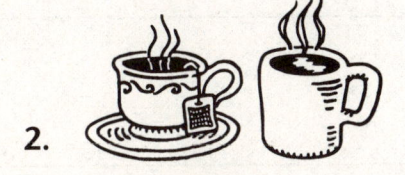

2. TÚ: ¿Te gusta más _____ o _____?
CORAZÓN: _____ el café.

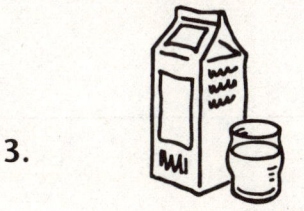

3. TÚ: ¿Tú bebes mucha limonada?
CORAZÓN: No. _____.

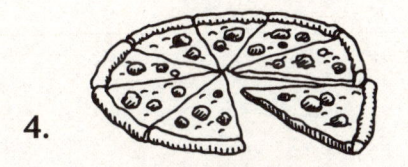

4. TÚ: ¿Tú comes mucha sopa de verduras?
CORAZÓN: No. _____.

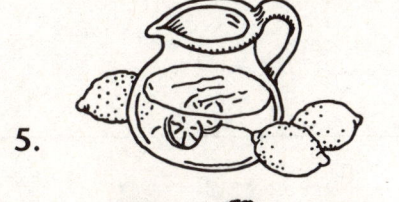

5. TÚ: ¿Tú bebes té helado?
CORAZÓN: No. _____.

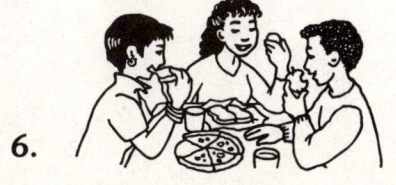

6. TÚ: ¿Tú compartes el desayuno con amigos?
CORAZÓN: No. _____.

Vocabulario en contexto **51**

Capítulo 3A

Nombre _____ Hora _____

Fecha _____ Core Practice **3A-4**

¿Qué comes?

Carolina, the new exchange student, is having a hard time figuring out the kinds of foods that people like to eat. Answer her questions in complete sentences, using **¡Qué asco!** and **¡Por supuesto!** in at least one answer each.

1. ¿Comes hamburguesas con plátanos?
   _____

2. ¿Comes el sándwich de jamón y queso en el almuerzo?
   _____

3. ¿Bebes leche en el desayuno?
   _____

4. ¿Te gusta la pizza con la ensalada de frutas?
   _____

5. ¿Comes papas fritas en el desayuno?
   _____

6. ¿Compartes la comida con tu familia?
   _____

7. ¿Comes un perro caliente todos los días?
   _____

8. ¿Te encantan las galletas con leche?
   _____

Vocabulario en contexto

Capítulo 3A — Core Practice **3A–5**

El verbo correcto

A. Fill in the chart below with all the forms of the verbs given.

	yo	tú	él/ella/Ud.	nosotros/ nosotras	vosotros/ vosotras	ellos/ ellas/Uds.
comer			come		coméis	
beber		bebes			bebéis	
comprender	comprendo				comprendéis	
escribir				escribimos	escribís	
compartir					compartís	comparten

B. Now, using the verbs from Part A, write the missing verb to complete each sentence below.

1. Antonio _____ sus papas fritas con Amelia.

2. Uds. _____ los sándwiches de queso.

3. Yo _____ las salchichas en el desayuno.

4. Nosotros _____ el té helado.

5. Ana _____ la tarea.

6. Tú _____ una carta al profesor.

7. Yo _____ el pan con Jorge.

8. Él _____ jugo de naranja en el desayuno.

9. Nosotros _____ con un lápiz.

10. Paula y Guillermo hablan y _____ español.

11. ¿_____ tú leche en el desayuno?

12. Manolo y Federico _____ las galletas con Susana.

Gramática y vocabulario en uso **53**

Capítulo 3A

Nombre _____ Hora _____

Fecha _____ Core Practice **3A–6**

¿Qué te gusta?

A. List your food preferences in the blanks below.

Me gusta	Me gustan	Me encanta	Me encantan
_____	_____	_____	*los sándwiches*
_____	_____	_____	_____

B. Now, organize your preferences into complete sentences. Follow the model.

Modelo *Me encantan los sándwiches.*

1. _____
2. _____
3. _____
4. _____
5. _____
6. _____
7. _____
8. _____

C. Using the words given, write a sentence about each food. Follow the model.

Modelo El té (encantar) *Me encanta el té.*

1. los plátanos (gustar) _____
2. la pizza (encantar) _____
3. las papas fritas (encantar) _____
4. el pan (gustar) _____

Gramática y vocabulario en uso

Capítulo 3A — Core Practice 3A–7

Mini-conversaciones

Fill in the blanks in the mini-conversations below with the most logical question or answer.

1. — ¿Comparten Uds. el sándwich de jamón y queso?
   — Sí, nosotros _____ el sándwich.

2. — ¿_____ tú todos los días?
   — No, nunca corro. No me gusta.

3. — ¿_____ en el desayuno?
   — ¡Qué asco! No me gustan los plátanos.

4. — ¿_____?
   — Sí, profesora. Comprendemos la lección.

5. — ¿_____?
   — Mi jugo favorito es el jugo de manzana.

6. — ¿_____?
   — Más o menos. Me gusta más la pizza.

7. — ¿_____?
   — ¡Por supuesto! Me encanta el cereal.

Capítulo 3A

Nombre _____ Hora _____

Fecha _____ Core Practice **3A-8**

Repaso

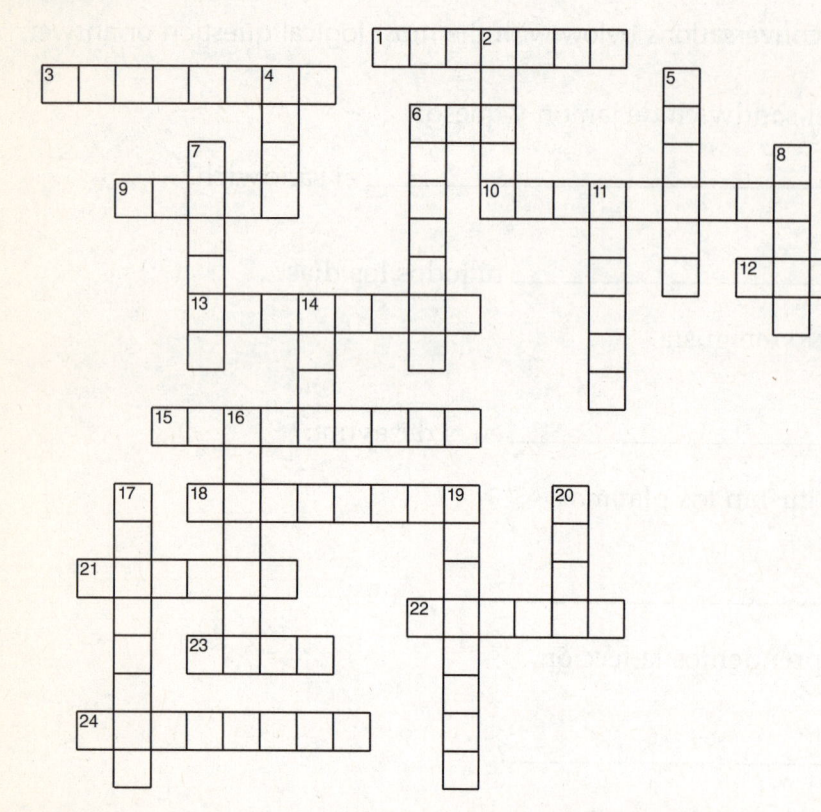

Across

1. *always*
3. El Monstruo Comegalletas come muchas ___.
6. el ___ tostado
9. Me gusta el sándwich de jamón y ___.
10. (salchicha)
12. (bistec)
13. Muchas personas comen cereales con leche en el ___.
15. ¿Te gusta ___ el almuerzo con tus amigos?
18. Me gusta la ___ de frutas, no de lechuga.
21. un yogur de ___
22. (huevos)
23. (café)
24. el perrito ___

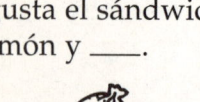

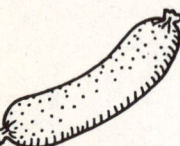

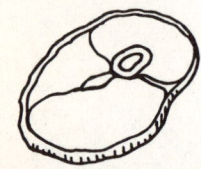

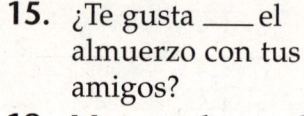

Down

2. más o ___
4. ¡Qué ___! No me gustan los guisantes.
5. (tocino)
6. (plátano)
7. el té ___
8. las ___ fritas
11. *food*
14. (bebida con pajita)
16. un jugo de ___
17. No como carne. Me gusta la sopa de ___.
19. En los Estados Unidos el ___ es un sándwich y algo de beber.
20. un ___ de naranja

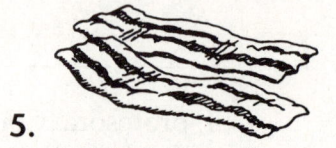

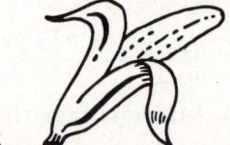

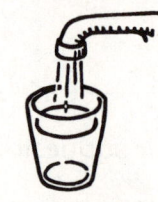

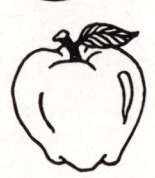

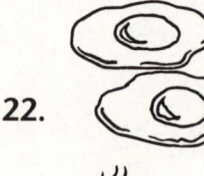

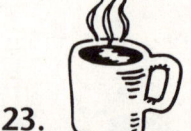

56 *Repaso del capítulo* — Crucigrama

Capítulo 3A — Core Practice **3A-9**

Organizer

I. Vocabulary

Breakfast foods

Lunch foods

Beverages

Words to express likes/dislikes

II. Grammar

1. The **-er** verb endings are: -_____ -_____
   -_____ -_____
   -_____ -_____

   Now conjugate the verb **beber**: _____ _____
   _____ _____
   _____ _____

2. The **-ir** verb endings are: -_____ -_____
   -_____ -_____
   -_____ -_____

   Now conjugate the verb **compartir**: _____ _____
   _____ _____
   _____ _____

3. To use **me gusta** and **me encanta** to talk about plural nouns, you add the letter _____ to the end of the verb.

Capítulo 3B

Nombre _____ Hora _____

Fecha _____ Core Practice **3B–1**

¡A cenar!

A. You are having a party, and you need to make a shopping list. Write at least three items that you might want to buy under each category. You may use vocabulary from other chapters.

La ensalada de frutas:

_____
_____
_____
_____
_____

Las verduras:

_____
_____
_____
_____
_____

La carne:

_____
_____
_____
_____
_____

Bebemos:

_____
_____
_____
_____
_____

B. Now write three things your guests might like to eat after dinner.

_____
_____
_____

58 *Vocabulario en contexto*

Capítulo 3B — Core Practice 3B-2

Más comida

A. Name the most logical food category to which each group of items belongs.

1. el bistec, el pollo, el pescado _____
2. las zanahorias, la cebolla, los guisantes _____
3. las uvas, las manzanas _____
4. el postre, la mantequilla _____

B. Now, answer the following questions logically in complete sentences.

1. ¿Debemos comer las uvas, el helado o los pasteles para mantener la salud?
   _____

2. ¿Es sabrosa la ensalada de frutas con las papas o con los plátanos?
   _____

3. ¿Comemos la mantequilla con el pan tostado o con el bistec?
   _____

4. ¿Bebemos los refrescos o el agua para mantener la salud?
   _____

C. Using the foods below, write sentences telling whether we should or shouldn't eat or drink each thing to maintain good health. Follow the model.

el agua *Debemos beber el agua para mantener la salud.*

1. los tomates _____
2. las grasas _____
3. los plátanos _____
4. las uvas _____
5. la mantequilla _____
6. la leche _____

Vocabulario en contexto

Capítulo 3B

Nombre _____ Hora _____

Fecha _____ Core Practice **3B–3**

La respuesta perfecta

You are learning about fitness and nutrition at school, and your friends want to know more. Answer their questions or respond to their statements in complete sentences.

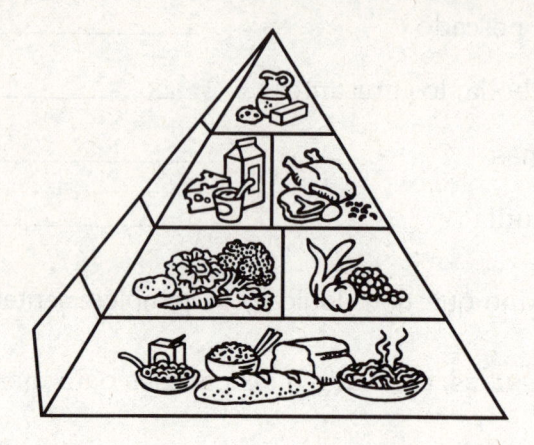

1. ¿Es el tomate bueno para la salud?
   _____

2. ¿Por qué caminas todos los días?
   _____

3. ¿La mantequilla es buena para la salud?
   _____

4. Creo que las grasas son horribles.
   _____

5. ¿Qué debes hacer para mantener la salud?
   _____

6. ¿Prefieres levantar pesas o caminar?
   _____

7. Creo que los espaguetis son sabrosos. ¿Y tú?
   _____

Vocabulario en contexto

Capítulo 3B

Nombre _____ Hora _____

Fecha _____ Core Practice **3B–4**

¿Qué comes?

Angel is asking his friend Estela about foods she likes. Fill in the blanks with the foods suggested by the pictures, then complete Estela's answers.

1. — ¿Te gustan _____?
   — No, _____.

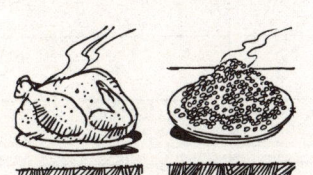

2. — ¿Prefieres _____ con _____ en el almuerzo o en la cena?
   — _____ en el almuerzo.

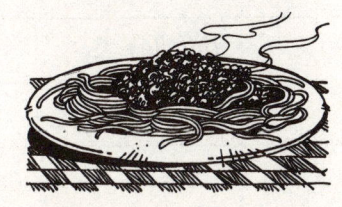

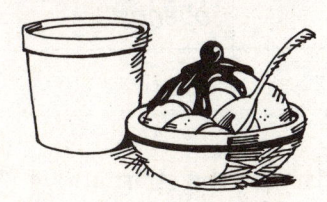

3. — ¿Te gustan _____?
   — Sí, _____.

4. — ¿Prefieres _____ de chocolate o de fruta?
   — _____ de chocolate.

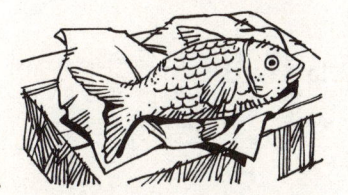

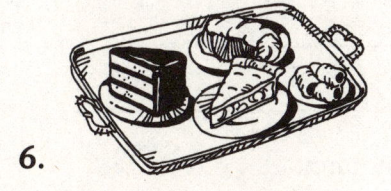

5. — ¿Comes _____?
   — Sí, _____.

6. — ¿Siempre comes _____ en el almuerzo?
   — No, _____.

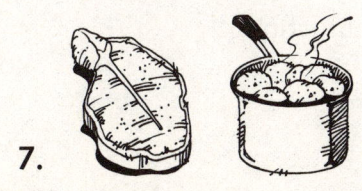

7. — ¿Te gusta el _____ con _____?
   — Sí, _____.

Vocabulario en contexto **61**

Capítulo 3B — Core Practice **3B–5**

Nombre _____ Hora _____

Fecha _____

Las descripciones

A. Fill in the chart below with the singular and plural, masculine and feminine forms of the adjectives given.

Masculine singular	Masculine plural	Feminine singular	Feminine plural
sabroso			
	prácticos		
		fácil	
	aburridos		
			difíciles
divertido			
		artística	
			buenas
trabajador			

B. Now, complete the sentences below, using some of the words from the chart above. There may be more than one right answer.

1. La ensalada de frutas es _____ para la salud.
2. Me gustan mis clases; son _____.
3. La tarea de matemáticas es _____.
4. Te gustan las computadoras porque son _____.
5. Mi profesor no come pescado porque cree que no es _____.
6. Mis amigos son _____; dibujan muy bien.
7. Tus amigos son muy _____; trabajan mucho.
8. Esquiar y nadar son actividades muy _____.

Gramática y vocabulario en uso

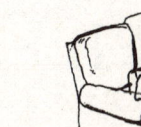

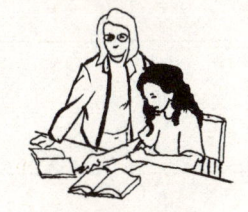

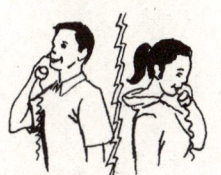

Capítulo 3B — Core Practice 3B–6

Nombre _____   **Hora** _____
Fecha _____

¿Cómo son?

Describe the following people using the pictures as clues. Use a form of **ser** plus an adjective. Follow the model.

Modelo ¿Cómo ____es____ él?
Es popular_____.

1. ¿Cómo _____ él?
_____.

2. ¿Cómo _____ ella?
_____.

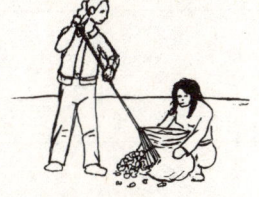

3. ¿Cómo _____ ellas?
_____.

4. ¿Cómo _____ ellos?
_____.

5. ¿Cómo _____ nosotras?
_____.

6. ¿Cómo _____ yo?
_____.

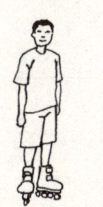

Gramática y vocabulario en uso

Capítulo 3B

Nombre _____ Hora _____

Fecha _____ Core Practice **3B–7**

La buena salud

Your cousin Eva has started a new diet and exercise program, and she has sent you an e-mail telling you all about it. Read her e-mail and answer the questions below in complete sentences.

> Hola,
>
> Para mantener la salud, como muchas verduras y frutas cada día. ¡Creo que son sabrosas! Yo hago ejercicio también. Me gusta caminar, pero prefiero levantar pesas. Siempre bebo mucha agua, y es mi bebida favorita. No debemos comer los pasteles, porque son malos para la salud. ¿Estás de acuerdo?

1. ¿Qué come Eva para mantener la salud?
   _____

2. ¿Eva hace ejercicio?
   _____

3. ¿A Eva le gustan las frutas?
   _____

4. ¿Qué prefiere hacer Eva para mantener la salud?
   _____

5. ¿Cuál es la bebida favorita de Eva?
   _____

6. ¿Por qué no debemos comer los pasteles?
   _____

Gramática y vocabulario en uso

Capítulo 3B

Repaso

Across

3. [walking] el ___
5. [fish]
6. Prefiero las ensaladas de ___ y tomate.
8. [chicken] el ___
10. Debes comer bien para mantener la ___.
12. *drinks*
13. [dish of food] el ___
16. *something*
18. Tengo ___. Necesito comer.
20. estoy de ___
22. Los ___ no son buenos para la salud pero son sabrosos.
24. ___ comer bien para mantener la salud.

Down

1. *meat*
2. [tomato] un ___
4. las ___ verdes
7. [plate of spaghetti] los ___
9. Yo prefiero ___ la salud y comer bien.
11. [grapes] las ___
14. *carrots*
15. Me gusta la comida de tu mamá. Es muy ___.
17. [ice cream]
19. [onion]
21. *dinner*
23. ___ los días; siempre

Repaso del capítulo — Crucigrama

Capítulo 3B

Nombre _____ Hora _____

Fecha _____ Core Practice **3B–9**

Organizer

I. Vocabulary

Fruits and vegetables

_____
_____
_____
_____

Starches

_____
_____
_____
_____

General food terms

_____
_____
_____
_____

Types of exercise

_____
_____
_____
_____

II. Grammar

1. Adjectives are _____ when describing one person or thing, and _____ when describing more than one person or thing.

2. To make an adjective plural, add _____ if the last letter is a vowel and _____ if the last letter is a consonant.

3. The forms of **ser** are: _____ _____
    _____ _____
    _____ _____

Capítulo 4A

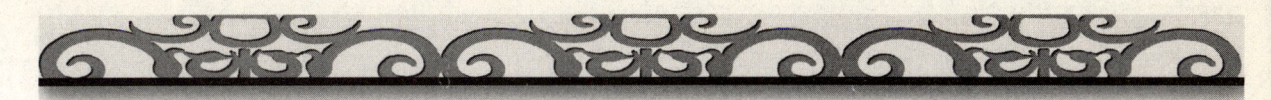

Nombre _____   Hora _____

Fecha _____   Core Practice **4A–1**

¿Qué hacen?

What do the people in your neighborhood like to do in their free time? Complete the following sentences based on the pictures.

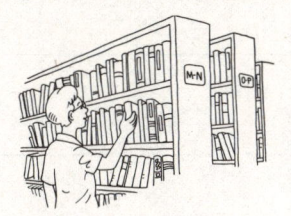

1. La Sra. García lee un libro en _____.

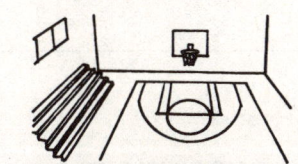

2. Jesús levanta pesas en _____.

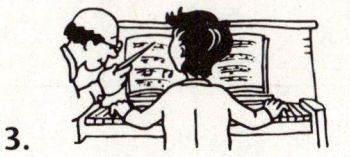

3. Los lunes tengo _____ con el Sr. Casals.

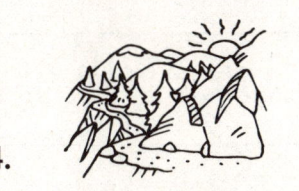

4. A Pedro le gusta pasar tiempo en _____ cuando tiene tiempo libre.

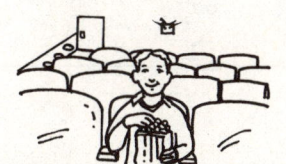

5. Elena y Tomás prefieren ir al _____ los viernes.

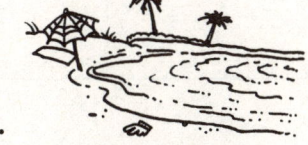

6. A mí me gusta ir a _____ cuando hace calor.

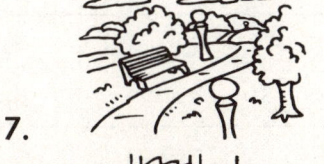

7. A Sara le gusta caminar en _____.

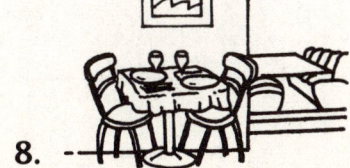

8. Me gusta ir al _____ para comer.

Vocabulario en contexto

Capítulo 4A

Nombre _____ Hora _____

Fecha _____ Core Practice **4A–2**

¿Adónde vas?

Where do you go to do the following things? Write your answers in complete sentences. Follow the model.

Modelo esquiar   *Voy a las montañas para esquiar.*

1. trabajar _____
2. leer, estudiar _____
3. hablar español _____
4. correr, caminar _____
5. ir de compras _____
6. tocar el piano _____
7. comer, beber _____
8. ver una película _____
9. nadar _____
10. hacer ejercicio _____
11. estar con amigos _____
12. levantar pesas _____

Capítulo 4A

Nombre _____ Hora _____

Fecha _____ Core Practice **4A–3**

¿Qué hacen?

An exchange student from Chile wants to know where people go to do certain activities. Complete each conversation with the verb suggested by the first picture, then answer the questions based on the second illustration.

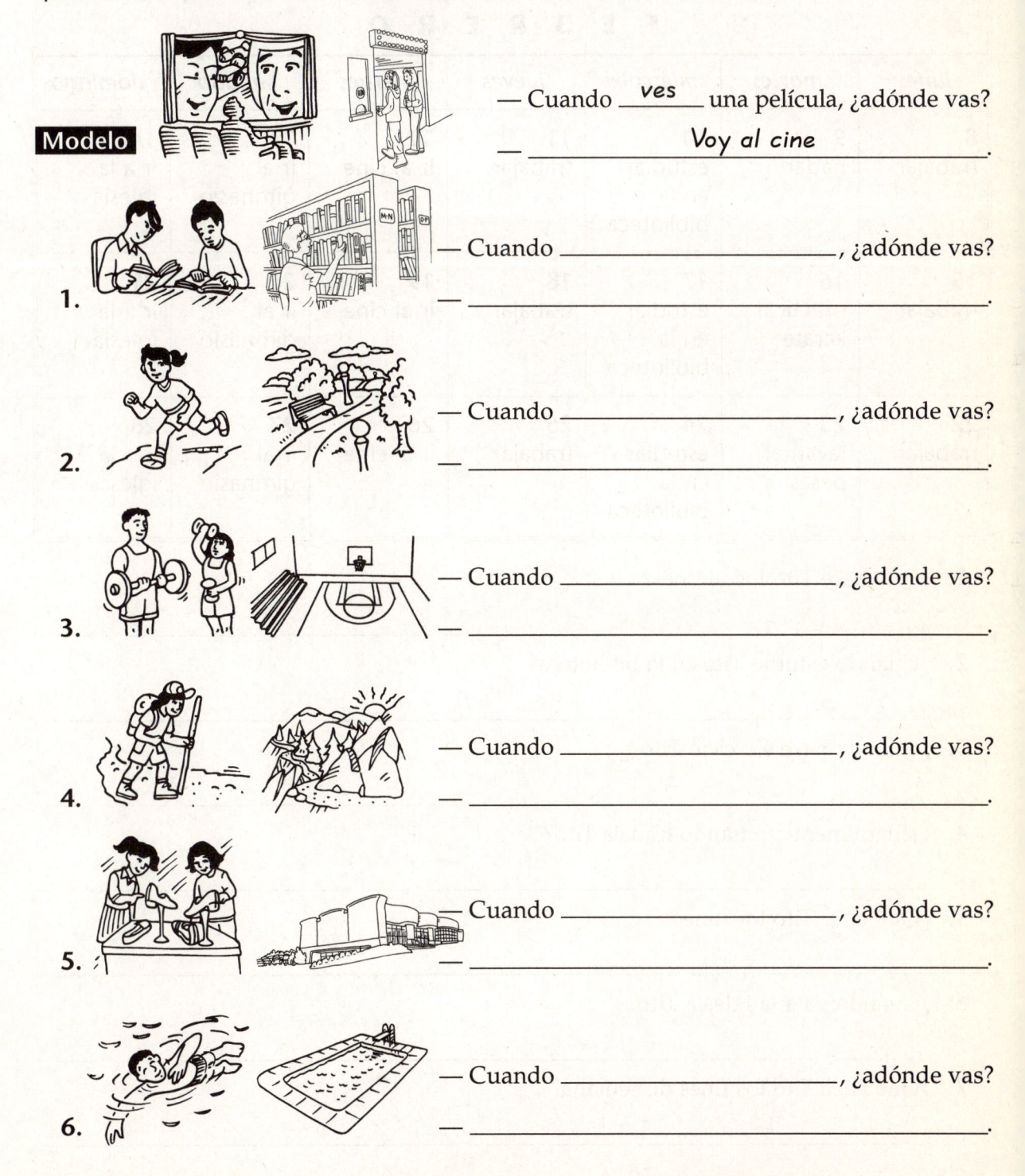

Modelo
— Cuando __ves__ una película, ¿adónde vas?
— __Voy al cine__.

1. — Cuando _____, ¿adónde vas?
   — _____.

2. — Cuando _____, ¿adónde vas?
   — _____.

3. — Cuando _____, ¿adónde vas?
   — _____.

4. — Cuando _____, ¿adónde vas?
   — _____.

5. — Cuando _____, ¿adónde vas?
   — _____.

6. — Cuando _____, ¿adónde vas?
   — _____.

Vocabulario en contexto **69**

Capítulo 4A — Core Practice 4A–4

El horario de Tito

Look at Tito's schedule for part of the month of February. Then answer the questions about his activities in complete sentences.

FEBRERO

lunes	martes	miércoles	jueves	viernes	sábado	domingo
8 trabajar	9 nadar	10 estudiar en la biblioteca	11 trabajar	12 ir al cine	13 ir al gimnasio	14 ir a la iglesia
15 trabajar	16 practicar karate	17 estudiar en la biblioteca	18 trabajar	19 ir al cine	20 ir al gimnasio	21 ir a la iglesia
22 trabajar	23 levantar pesas	24 estudiar en la biblioteca	25 trabajar	26 ir al cine	27 ir al gimnasio	28 ir a la iglesia

1. ¿Qué hace Tito los viernes?

2. ¿Cuándo estudia Tito en la biblioteca?

3. ¿Cuándo hace ejercicio Tito?

4. Generalmente, ¿cuándo trabaja Tito?

5. ¿Qué hace Tito los lunes?

6. ¿Cuándo va a la iglesia Tito?

7. ¿Qué hace Tito los fines de semana?

70 *Vocabulario en contexto*

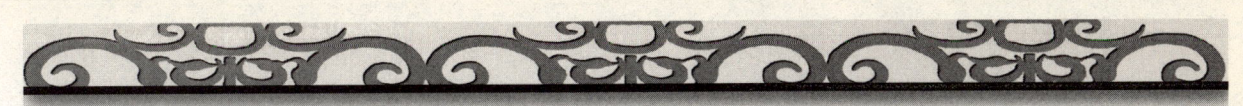

Capítulo 4A — Core Practice 4A–5

Las actividades favoritas

Students are making plans for what they will do after school. Complete their conversations with the correct forms of the verb **ir**.

1. LOLIS: Hoy, (yo) _____ al parque después de las clases.

   ELIA: ¡Qué bien! María y yo _____ al cine.

   LOLIS: Mi amigo Pablo también _____ al cine hoy.

2. MARTA: Hola, Juan. ¿Adónde _____?

   JUAN: Pues, _____ a la clase de inglés, pero después _____ al centro comercial. ¿Y tú?

   MARTA: Pues, mis padres _____ a la playa y yo _____ con ellos.

   JUAN: ¡Qué bueno! ¿Cuándo _____ Uds.?

   MARTA: Nosotros _____ después de las clases.

3. RODOLFO: ¡Hola, Pablo, Felipe!

   PABLO Y FELIPE: ¡Hola, Rodolfo!

   RODOLFO: ¿Adónde _____ Uds.?

   PABLO: Pues, yo _____ a casa con unos amigos.

   FELIPE: Yo no _____ con él. _____ a la mezquita. ¿Y tú?

   RODOLFO: Catrina y yo _____ a la piscina. Ella _____ al gimnasio más tarde.

   PABLO: Mi amiga Elena _____ al gimnasio con ella. Creo que ellas _____ a las cinco.

   FELIPE: Es muy tarde. Tengo que _____. ¡Hasta luego!

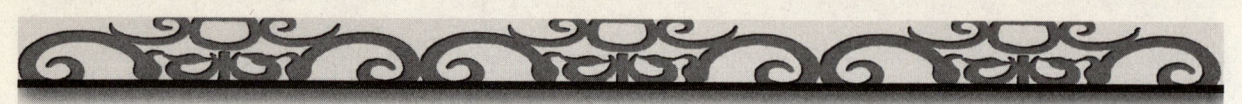

Capítulo 4A

Core Practice 4A-6

La pregunta perfecta

A. Complete the following questions with the correct question words.

1. ¿_____ es el chico más alto de la clase?

2. ¿_____ vas al cine? ¿Hoy?

3. ¿_____ es tu número de teléfono?

4. ¿_____ te llamas?

5. ¿_____ vas después de las clases hoy?

6. ¿_____ está mi libro de español?

7. ¿_____ es esto?

8. ¿_____ años tienes?

B. Now, form your own questions using some of the question words above.

1. ¿_____?

2. ¿_____?

3. ¿_____?

4. ¿_____?

5. ¿_____?

6. ¿_____?

7. ¿_____?

72 Gramática y vocabulario en uso

Capítulo 4A

¿Qué haces?

You are talking with your parents about your plans for the evening. They have lots of questions. Your answers are given below. Write your parents' questions in the spaces provided.

TUS PADRES: ¿_____?

TÚ: Voy a un restaurante.

TUS PADRES: ¿_____?

TÚ: Voy con unos amigos.

TUS PADRES: ¿_____?

TÚ: Ellos se llaman Roberto y Ana.

TUS PADRES: ¿_____?

TÚ: Roberto y Ana son de México.

TUS PADRES: ¿_____?

TÚ: Pues, Roberto es inteligente, trabajador y paciente.

TUS PADRES: ¿_____?

TÚ: Ana es deportista y estudiosa.

TUS PADRES: ¿_____?

TÚ: Después, nosotros vamos al cine.

TUS PADRES: ¿_____?

TÚ: ¿Después? Pues, voy a casa. ¡Uds. hacen muchas preguntas!

Capítulo 4A

Repaso

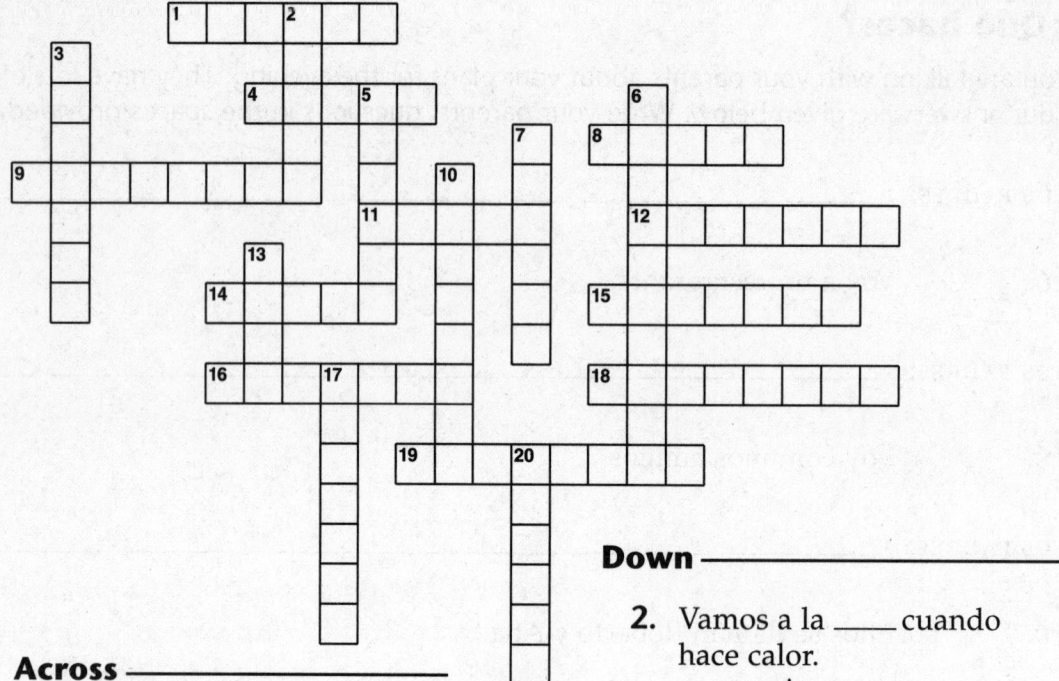

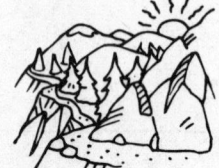

Across

1. temple
4. (mountains image)
8. ¡No me ____!
9. mosque
11. – ¿Con ____ vas al cine?
    – Con Ana.
12. Tengo que ir a la ____ de piano.
14. No tengo tiempo ____.
15. Para la Navidad todos van de ____.
16. after
18. Me gusta la ____ Desperado.
19. (mountains image)

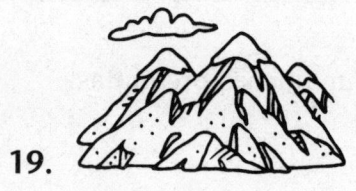

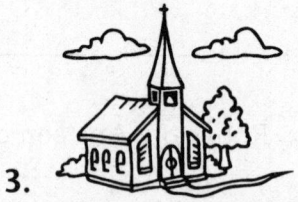

Down

2. Vamos a la ____ cuando hace calor.
3. (church image)
5. Me gusta caminar en el ____.
6. (library image)
7. el ____ comercial
10. Voy al ____ para levantar pesas.
13. Vamos al ____ para ver una película.
17. (pool image)
20. Vas al ____ para trabajar.

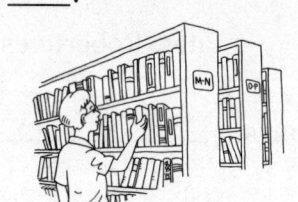

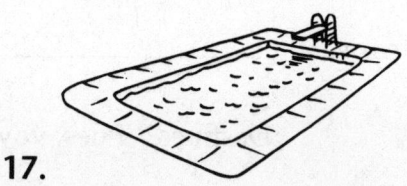

74 Repaso del capítulo — Crucigrama

Capítulo 4A

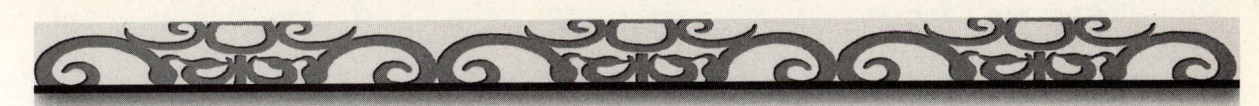

Nombre _____

Fecha _____

Hora _____

Core Practice **4A–9**

Organizer

I. Vocabulary

Some of my favorite places

_____
_____
_____
_____
_____

Words to talk about other places

_____
_____
_____
_____
_____

Interrogative words

_____
_____
_____
_____
_____
_____
_____
_____

Phrases related to leisure activities

_____
_____
_____
_____
_____

II. Grammar

1. The forms of the verb **ir** are: _____ _____
   _____ _____
   _____ _____

2. A. In order to get information in English, we use the words *who, what, where, when, why,* and *how*. In Spanish these words are: _____, _____, _____, _____, _____ y _____.

   B. When asking a question in Spanish, the verb comes _____ the subject.

Repaso del capítulo — *Vocabulario y gramática* **75**

Nombre _____ Hora _____

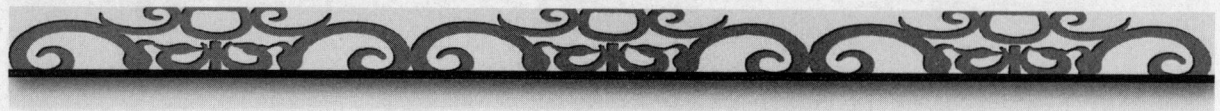

Capítulo 4B

Fecha _____ Core Practice **4B-1**

¿Eres deportista?

Write the name of the sport or activity indicated by the art.

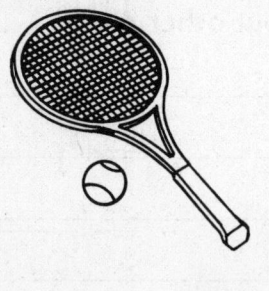

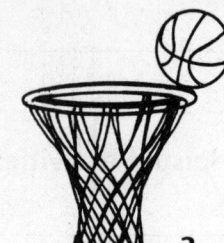

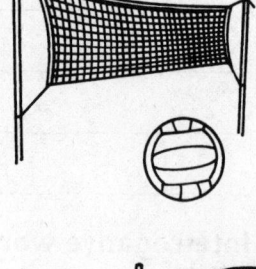

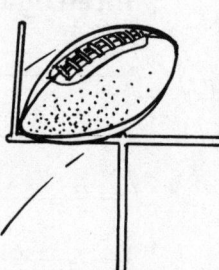

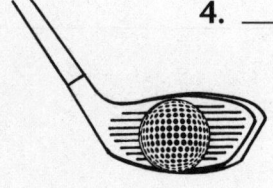

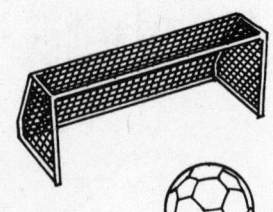

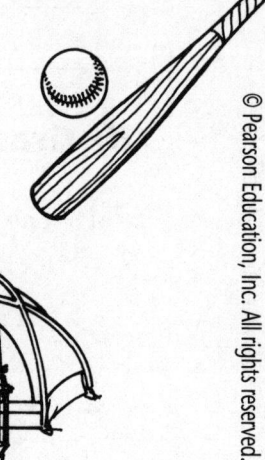

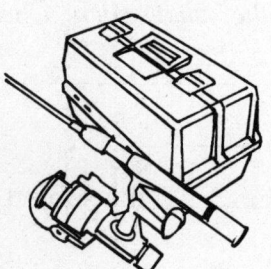

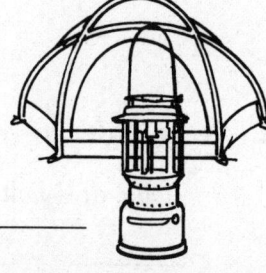

1. _____
2. _____
3. _____
4. _____
5. _____
6. _____
7. _____
8. _____
9. _____

Capítulo 4B — Core Practice **4B–2**

Las invitaciones

You and your friends are making plans for the weekend. Complete your friends' invitations with the activities suggested by the pictures. Then accept the offers using complete sentences. Follow the model.

Modelo
— ¿Te gustaría _ir al cine_ este fin de semana?
— _Sí, me gustaría ir al cine_.

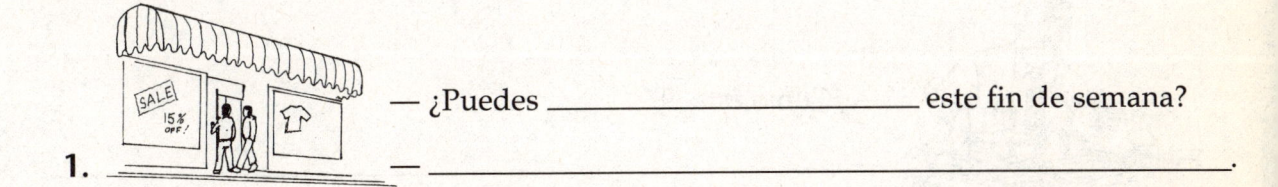

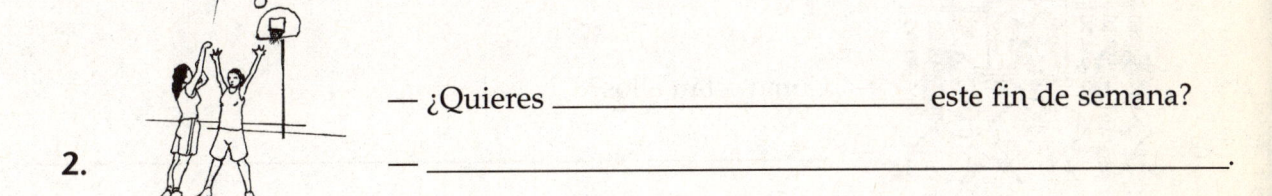

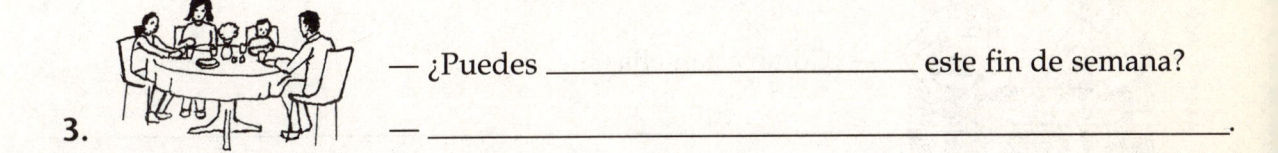

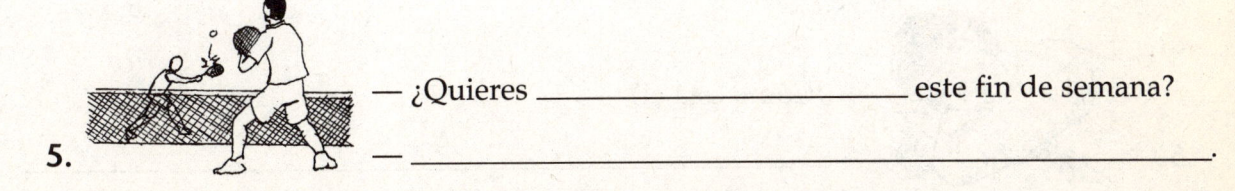

1. — ¿Puedes _____ este fin de semana?
   — _____.

2. — ¿Quieres _____ este fin de semana?
   — _____.

3. — ¿Puedes _____ este fin de semana?
   — _____.

4. — ¿Te gustaría _____ este fin de semana?
   — _____.

5. — ¿Quieres _____ este fin de semana?
   — _____.

Vocabulario en contexto

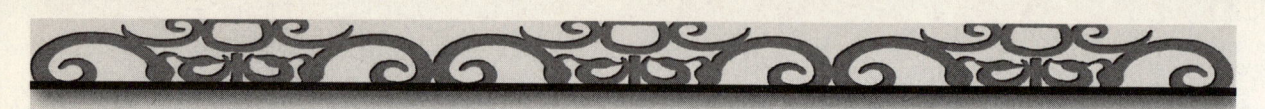

Capítulo 4B Nombre ____ Hora ____
Fecha ____ Core Practice **4B-3**

¿Cómo están?

You have just arrived at school and are asking how your friends are doing. Using the pictures to help you, fill in the blanks with the correct form of **estar** and the appropriate adjective. Don't forget to make the adjective agree with the subject!

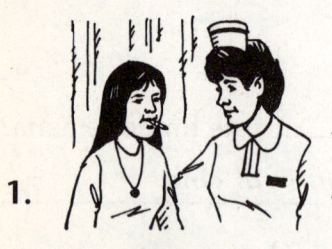

1. — ¿Cómo está ella?
   — _____.

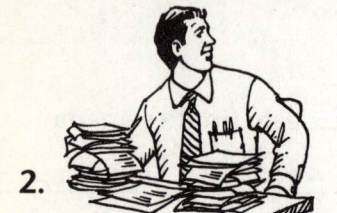

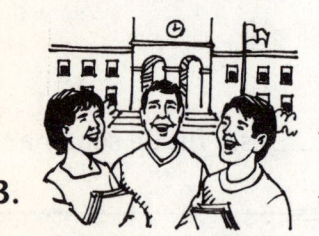

2. — ¿Cómo está él?
   — _____.

3. — ¿Cómo están ellos?
   — _____.

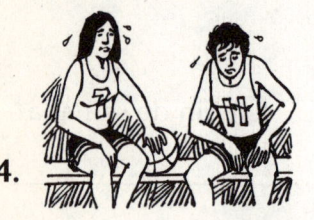

4. — ¿Cómo están ellas?
   — _____.

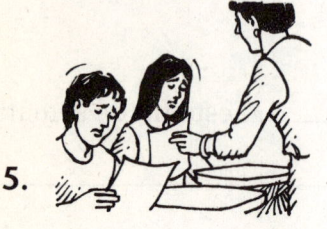

5. — ¿Cómo están los estudiantes?
   — _____.

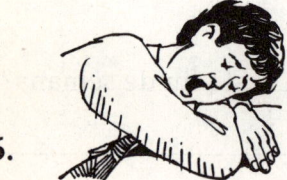

6. — ¿Cómo está él?
   — _____.

78 Vocabulario en contexto

Capítulo 4B

Nombre _____

Fecha _____

Hora _____

Core Practice **4B-4**

¿A qué hora?

Lucía is very busy on the weekends. Answer the questions about her schedule using complete sentences.

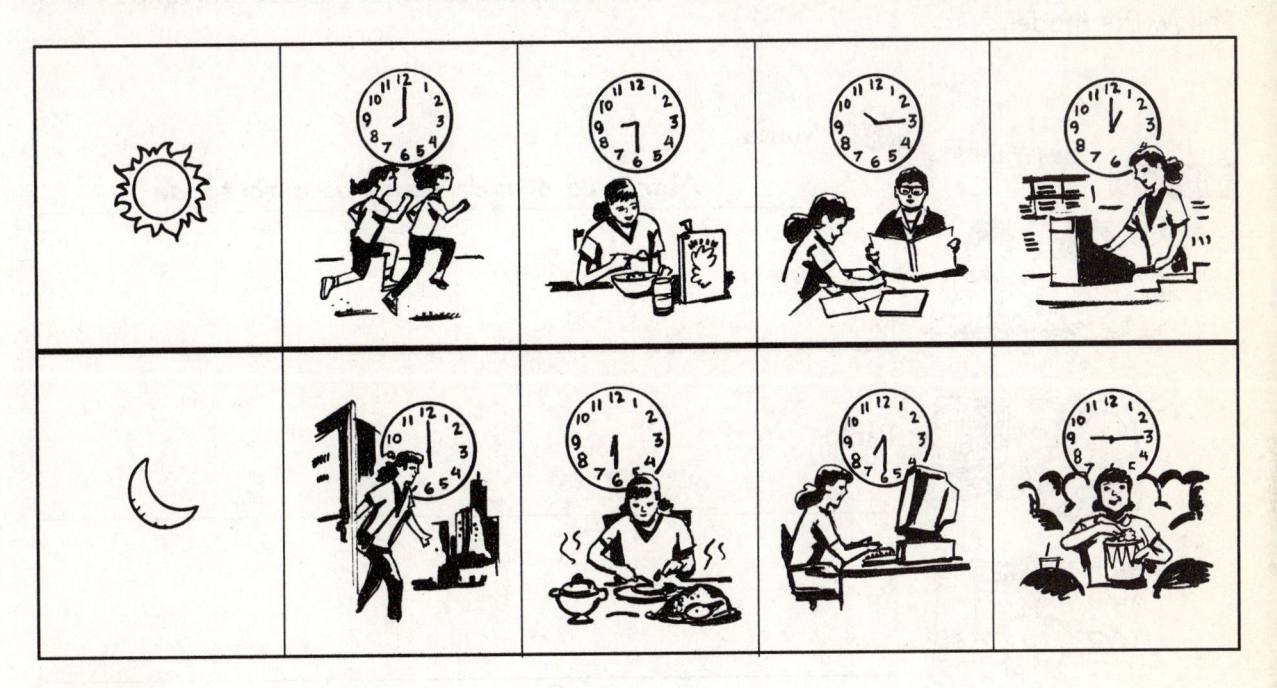

Modelo   ¿A qué hora usa la computadora?

Usa la computadora a las siete y media de la noche.

1. ¿A qué hora tiene que trabajar Lucía?
   _____

2. ¿A qué hora va a casa?
   _____

3. ¿Qué hacen Lucía y su amiga a las ocho de la mañana?
   _____

4. ¿A qué hora come la cena Lucía?
   _____

5. ¿Cuándo estudian ella y su amigo?
   _____

6. ¿Adónde va Lucía esta noche? ¿A qué hora?
   _____

Vocabulario en contexto **79**

Capítulo 4B

Core Practice 4B-5

Los planes

It is 10:00 Saturday morning, and you and your friends are making plans for the afternoon and evening. Using a form of **ir** + **a** + *infinitive,* write complete sentences about everyone's plans. Follow the model.

María

Modelo _María va a ir de compras esta tarde_.

1. Ana y yo _____.

2. Pablo _____.

3. Yo _____.

4. Mis amigos _____.

5. Tú _____.

6. Nosotros _____.

7. Ud. _____.

8. Ana y Lorena _____.

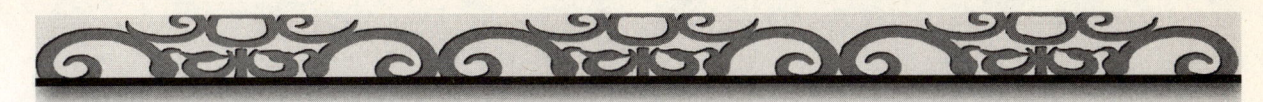

Capítulo 4B

Nombre _____ Hora _____

Fecha _____ Core Practice **4B–6**

Demasiadas preguntas

Your friends are asking you to make plans for this weekend, but you are not able to do anything that they have suggested. Using the pictures to help you, respond to their questions using **ir** + **a** + *infinitive*. Follow the model.

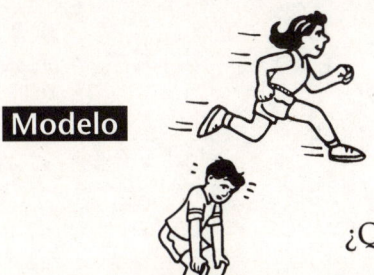

Modelo ¿Puedes ir al partido mañana?
No, no puedo. Voy a correr mañana.

1. ¿Quieres ir al partido esta noche?
   _____

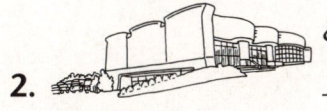

2. ¿Te gustaría ir al cine conmigo esta noche?
   _____

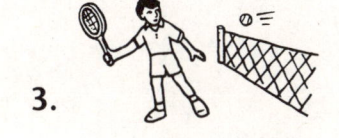

3. ¿Quieres jugar al golf esta tarde?
   _____

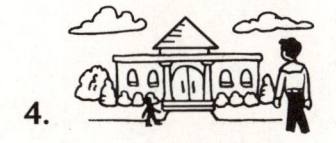

4. ¿Puedes jugar videojuegos conmigo el viernes?
   _____

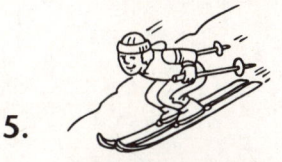

5. ¿Te gustaría ir de compras mañana por la noche?
   _____

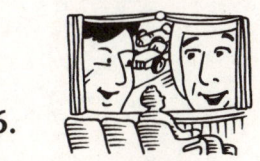

6. ¿Te gustaría ir al baile conmigo esta noche?
   _____

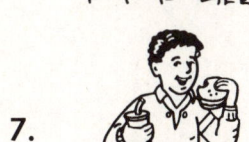

7. ¿Quieres ir a la biblioteca conmigo?
   _____

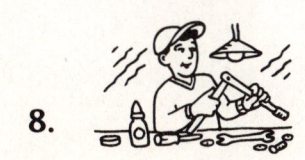

8. ¿Puedes ir de camping conmigo este fin de semana?
   _____

Gramática y vocabulario en uso

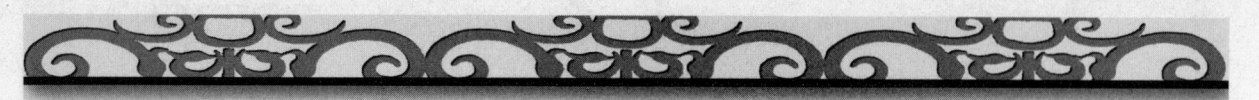

Capítulo 4B

Nombre _____ Hora _____

Fecha _____ Core Practice **4B–7**

¿A qué juegas?

Friends are talking about the sports that they enjoy playing. Write the correct form of the verb **jugar** to complete each sentence.

1. — ¿Marta juega al vóleibol?

   — Sí, Rodrigo y ella _____ todos los días.

2. — Oye, ¿puedes jugar al básquetbol con nosotros?

   — Lo siento, pero no _____ bien.

3. — ¿A qué juegan Uds.?

   — Nosotros _____ al golf.

4. — Ellas juegan al tenis muy bien, ¿no?

   — Sí, _____ muy bien.

5. — ¿_____ Ud. al básquetbol a la una?

   — No. Tengo que ir a un concierto.

6. — Yo juego al fútbol hoy.

   — ¡Ay, me encanta el fútbol! ¡_____ contigo!

7. — ¿Tú y Manuel jugáis al béisbol esta tarde?

   — Sí. ¡_____ todos los días!

8. — ¿Qué hace Luz esta noche?

   — Ella _____ al vóleibol a las ocho.

Gramática y vocabulario en uso

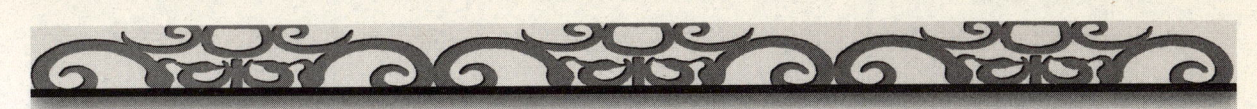

Capítulo 4B

Repaso

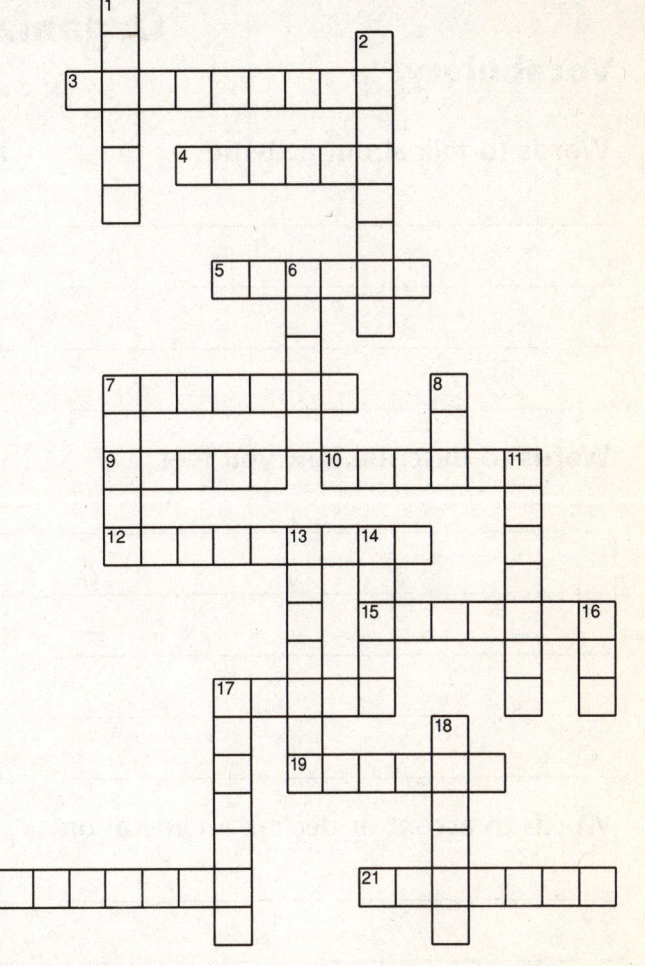

Across

3. No puedo jugar. Estoy ___ ocupado.
4. *sad*
5. (picture)
7. Me gusta ver el ___ de béisbol.
9. yo sé, tú ___
10. Lo ___, pero no puedo.
12. (picture) el fútbol ___
15. (picture)
17. El *Jitterbug* es un ___.
19. *Great!*
20. Vamos al ___ para escuchar música.
21. *with me*

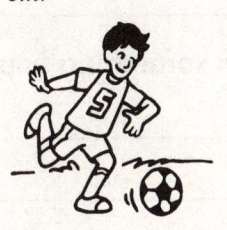

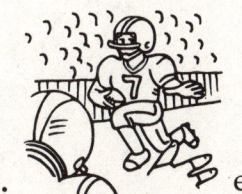

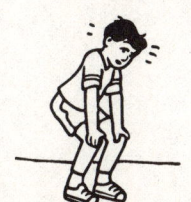

Down

1. Vamos a la ___ de cumpleaños de Paco.
2. (picture)
6. *afternoon*; la ___
7. me gusta ir de *fishing*
8. el ___ de semana
11. Ella trabaja mucho, siempre está ___
13. (picture)
14. Es después de la tarde; la ___.
16. *Hey!*
17. (picture)
18. Voy a la escuela a las siete de la ___.

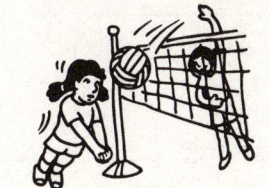

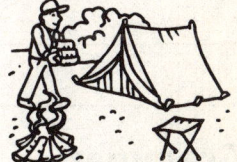

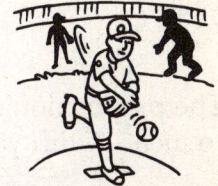

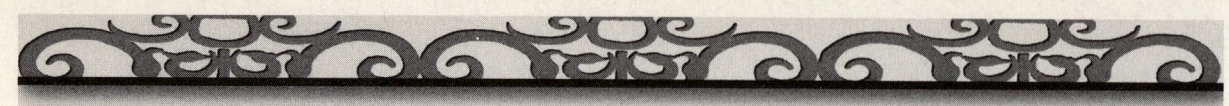

Capítulo 4B

Nombre _____ Hora _____
Fecha _____ Core Practice **4B-9**

Organizer

I. Vocabulary

Words to talk about activities

_____
_____
_____
_____

Words to describe how you feel

_____
_____
_____
_____
_____

Words to accept or decline an invitation

_____
_____
_____
_____
_____
_____

Names of sports

_____
_____
_____
_____
_____
_____

Words to say when something happens

_____
_____
_____
_____

II. Grammar

1. The forms of the verb **jugar** are: _____ _____
   _____ _____
   _____ _____

2. The preposition **con** becomes _____ to mean "with me" and _____ to mean "with you."

3. To say you are going to do something, you use the verb _____ + _____ + the action you are going to perform.

Notas

Notas

Notas

Notas

Notas

© Pearson Education, Inc. All rights reserved.

Notas

© Pearson Education, Inc. All rights reserved.

Notas

Notas

© Pearson Education, Inc. All rights reserved.

Notas

Notas

Auténtico A

LEVELED VOCABULARY AND GRAMMAR WORKBOOK

GUIDED PRACTICE

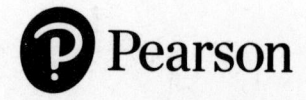

Pearson

Boston, Massachusetts • Chandler, Arizona • Glenview, Illinois • New York, New York

Table of Contents

Para empezar
    1 En la escuela 1
    2 En la clase 11
    3 El tiempo 19

Tema 1: Mis amigos y yo
    Capítulo 1A: ¿Qué te gusta hacer? 25
    Capítulo 1B: Y tú, ¿cómo eres? 39

Tema 2: La escuela
    Capítulo 2A: Tu día en la escuela 53
    Capítulo 2B: Tu sala de clases 69

Tema 3: La comida
    Capítulo 3A: ¿Desayuno o almuerzo? 83
    Capítulo 3B: Para mantener la salud 99

Tema 4: Los pasatiempos
    Capítulo 4A: ¿Adónde vas? 115
    Capítulo 4B: ¿Quieres ir conmigo? 133

Dear Parents and Guardians:

Learning a second language can be both exciting and fun. As your child studies Spanish, he or she will not only learn to communicate with Spanish speakers, but will also learn about their cultures and daily lives. Language learning is a building process that requires considerable time and practice, but it is one of the most rewarding things your child can learn in school.

Language learning calls on all of the senses and on many skills that are not necessarily used in other kinds of learning. Students will find their Spanish class different from other classes in a variety of ways. For instance, lectures generally play only a small role in the language classroom. Because the goal is to learn to communicate, students interact with each other and with their teacher as they learn to express themselves about things they like to do (and things they don't), their personalities, the world around them, foods, celebrations, pastimes, technology, and much more. Rather than primarily listening to the teacher, reading the text, and memorizing information as they might in a social studies class, language learners will share ideas; discuss similarities and differences between cultures; ask and answer questions; and work with others to practice new words, sounds, and sentence structures. Your child will be given a variety of tasks to do in preparation for such an interactive class. He or she will complete written activities, perform listening tasks, watch and listen to videos, and go on the Internet. In addition, to help solidify command of words and structures, time will need to be spent on learning vocabulary and practicing the language until it starts to become second nature. Many students will find that using flash cards and doing written practice will help them become confident using the building blocks of language.

To help you help your child in this endeavor, we offer the following insights into the textbook your child will be using, along with suggestions for ways that you can help build your child's motivation and confidence—and as a result, their success with learning Spanish.

Textbook Organization

Your child will be learning Spanish using *Auténtico*, which means "authentic." The emphasis throughout the text is on learning to use the language in authentic, real ways. Chapters are organized by themes such as school life, food and health, family and celebrations, etc. Each chapter begins with **Vocabulario en contexto**, which gives an initial presentation of new grammar and vocabulary in the form of pictures, short dialogues, and audio recordings. Students then watch the new vocabulary and grammar used in an authentic context in an engaging video in the **Videohistoria**. Once students have been exposed to the new language, the **Vocabulario en uso** and **Gramática y vocabulario en uso** sections offer lots of practice with the language as well as explanations of how the language works. The **Lectura, La cultura en vivo, Presentación oral**, and **Presentación escrita** sections provide activities for your child to use the language by understanding readings, giving oral or written presentations, and learning more about the cultural perspectives of Spanish speakers. The **Auténtico** section offers your child a chance to see how the language they have learned is used by native speakers in an authentic context such as a news report, talk show, or podcast. Finally, all chapters conclude with an at-a-glance review of the chapter material called **Repaso del capítulo** *(Chapter Review)*, with summary lists and charts, and practice activities like those on the chapter test. If students have trouble with a given task, the **Repaso del capítulo** tells them where in the chapter they can go to review.

Here are some suggestions that will help your child become a successful language learner.

Routine:
Provide a special, quiet place for study, equipped with a Spanish-English dictionary, pens or pencils, paper, computer, and any other items your child's teacher suggests.

- Encourage your child to study Spanish at a regular time every day. A study routine will greatly facilitate the learning process.

Strategy:
- Remind your child that class participation and memorization are very important in a foreign language course.
- Tell your child that in reading or listening activities, as well as in the classroom, it is not necessary to understand every word. Suggest that they listen or look for key words to get the gist of what's being communicated.
- Encourage your child to ask questions in class if he or she is confused. Remind the child that other students may have the same question. This will minimize frustration and help your child succeed.

Real-life connection:
- Outside of the regular study time, encourage your child to review words in their proper context as they relate to the chapter themes. For example, when studying the chapter about community places, Capítulo 4A, have your child bring flash cards for place names on a trip into town and review words for the places you pass along the way. Similarly, while studying Capítulo 5A vocabulary, bring out family photos and remind your child of the toys he or she used to have and the activities that he or she liked. Ask your child to name the toys and activities in Spanish. If your child can include multiple senses while studying (see the school and say *escuela*, or taste ice cream and say *helado*), it will help reinforce study and will aid in vocabulary retention.
- Motivate your child with praise for small jobs well done, not just for big exams and final grades. A memorized vocabulary list is something to be proud of!

Review:
- Encourage your child to review previously learned material frequently, and not just before a test. Remember, learning a language is a building process, and it is important to keep using what you've already learned.
- To aid vocabulary memorization, suggest that your child try several different methods, such as saying words aloud while looking at a picture of the items, writing the words, acting them out while saying them, and so on.
- Suggest that your child organize new material using charts, graphs, pictures with labels, or other visuals that can be posted in the study area. A daily review of those visuals will help keep the material fresh.
- Help your child drill new vocabulary and grammar by using the charts and lists in the textbook.

Resources:
- Offer to help frequently! Your child may have great ideas for how you can facilitate his or her learning experience.
- Ask your child's teacher, or encourage your child to ask, about how to best prepare for and what to expect on tests and quizzes.
- Ask your child's teacher about access to the eText and the digital course on Pearson Realize. These digital tools provide access to audio recordings and videos that support the text. The more your child sees and hears the language, the greater the retention.

Above all, help your child understand that a language is not acquired overnight. Just as for a first language, there is a gradual process for learning a second one. It takes time and patience, and it is important to know that mistakes are a completely natural part of the process. Remind your child that it took years to become proficient in his or her first language, and that the second one will also take time. Praise your child for even small progress in the ability to communicate in Spanish, and provide opportunities for your child to hear and use the language.

Don't hesitate to ask your child's teacher for ideas. You will find the teacher eager to help you. You may also be able to help the teacher understand special needs that your child may have, and work together with him or her to find the best techniques for helping your child learn.

Learning to speak another language is one of the most gratifying experiences a person can have. We know that your child will benefit from the effort, and will acquire a skill that will serve to enrich his or her life.

Notes

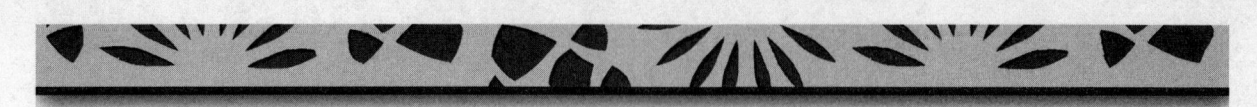

Nombre _____ Hora _____

Para empezar Fecha _____ **Vocabulary Flash Cards, Sheet 1**

Write the Spanish vocabulary word below each picture. If there is a word or phrase, copy it in the space provided. Be sure to include the article for each noun.

Buenos días. _____ _____	**Buenas noches.** _____ _____	**Buenas tardes.** _____ _____
¡Hola! _____	**¿Cómo te llamas?** _____ _____ _____	**Me llamo...** _____ _____
Encantado, Encantada. _____ , _____	**Igualmente.** _____	**Mucho gusto.** _____ _____

Guided Practice Activities, En la escuela — *Vocabulary Flash Cards*

Para empezar

Nombre _____ Hora _____

Fecha _____ Vocabulary Flash Cards, Sheet 2

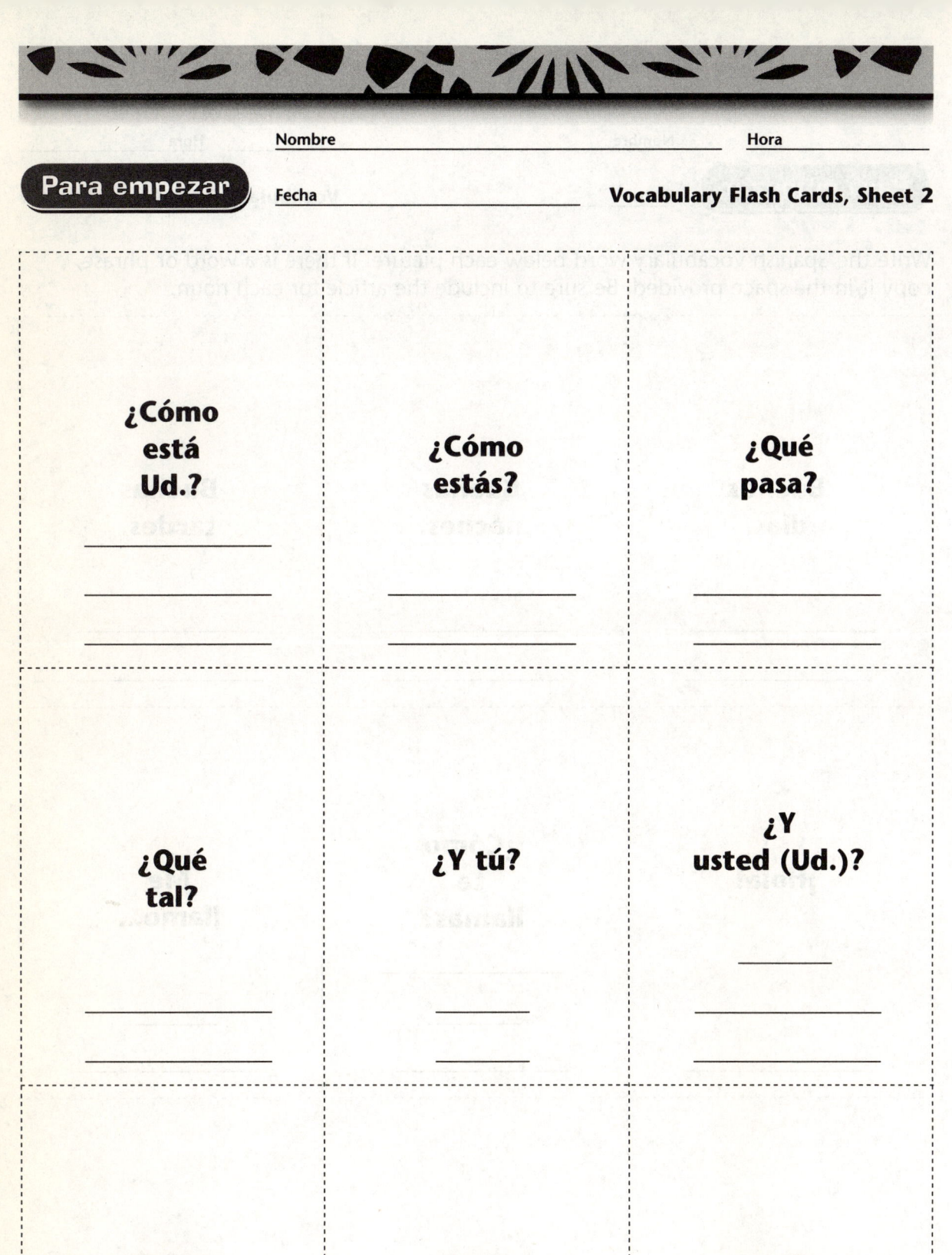

¿Cómo está Ud.?	¿Cómo estás?	¿Qué pasa?
¿Qué tal?	¿Y tú?	¿Y usted (Ud.)?
(muy) bien	regular	gracias

2 *Guided Practice Activities, En la escuela* — *Vocabulary Flash Cards*

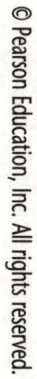

Para empezar

Vocabulary Flash Cards, Sheet 3

nada	señor, Sr.	señora, Sra.
señorita, Srta.	¡Adiós!	Hasta luego.
Hasta mañana.	¡Nos vemos!	uno

Guided Practice Activities, En la escuela — Vocabulary Flash Cards

Para empezar

Nombre _____ Hora _____

Fecha _____ Vocabulary Flash Cards, Sheet 4

dos	tres	cuatro
_____	_____	_____

cinco	seis	siete
_____	_____	_____

ocho	nueve	diez
_____	_____	_____

Nombre _____ Hora _____

Para empezar Fecha _____ **Vocabulary Flash Cards, Sheet 5**

¿Qué hora es?	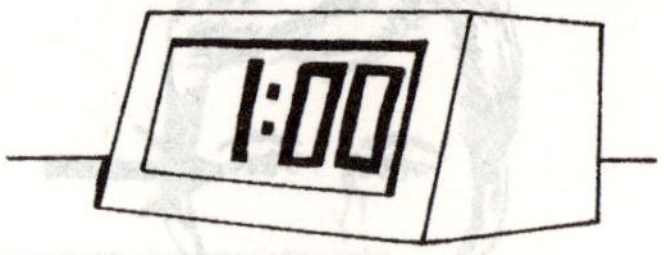 1:00 — Es _____ .	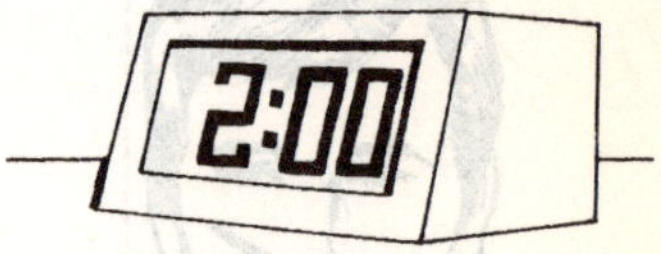 2:00 — Son _____ .
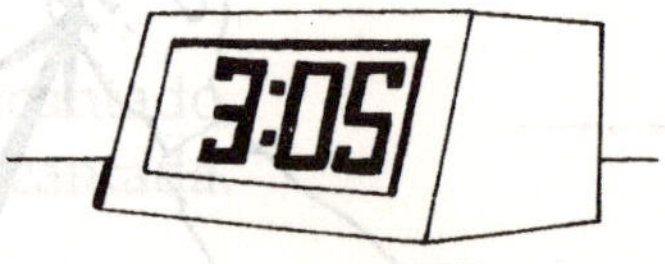 3:05 — Son _____ .	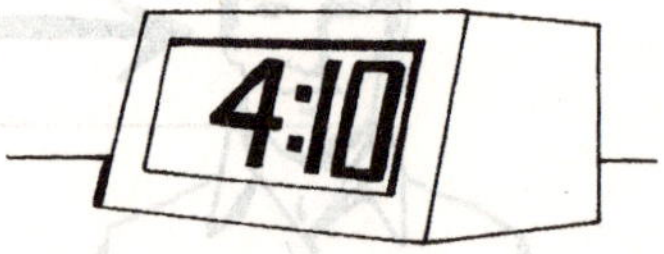 4:10 — Son _____ .	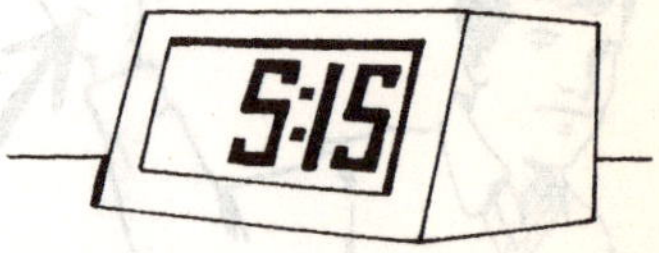 5:15 — Son _____ .
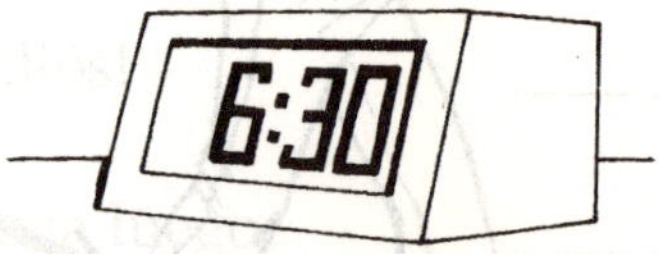 6:30 — Son _____ .	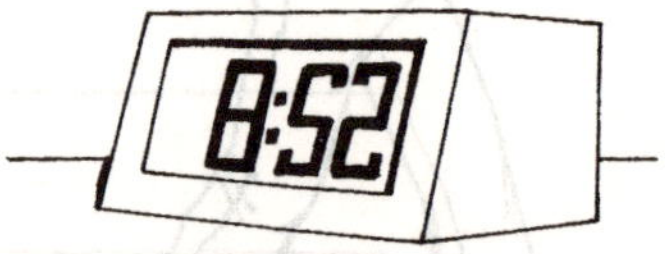 8:52 — Son _____ .	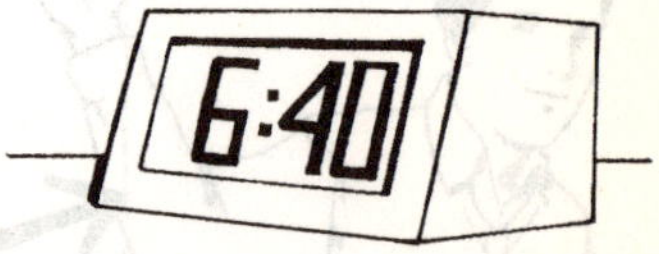 6:40 — Son _____ .

Guided Practice Activities, En la escuela — Vocabulary Flash Cards **5**

Para empezar   Nombre _____   Hora _____

Fecha _____   **Vocabulary Check, Sheet 2**

Tear out this page. Write the Spanish words on the lines. Fold the paper along the dotted line to see the correct answers so you can check your work.

Good morning. _____

Good evening. _____

Good afternoon. _____

Hello! _____

What is your name? _____

My name is . . . _____

Delighted. _____
_____

Likewise. _____

Pleased to meet you. _____

sir, Mr. _____

madam, Mrs. _____

miss, Miss _____

Good-bye! _____

See you later. _____

See you tomorrow. _____

See you! _____

Fold In →

8   Guided Practice Activities, En la escuela — Vocabulary Check

Nombre _____ Hora _____

Para empezar Fecha _____ **Guided Practice Activities P-1**

Vowel sounds

• Like English, Spanish has five basic vowels, **a**, **e**, **i**, **o**, and **u**. But unlike English, each Spanish vowel sounds nearly the same in every word, which will help you figure out how to pronounce any Spanish word you see.

A. The letter **a** is pronounced "ah," as in the English word "father." Write three Spanish words related to *body parts* (**el cuerpo**) that contain the letter **a**. Say each word as you write it, paying special attention to the **a**.

_____   _____   _____

B. The letter **e** is pronounced "ay," as in the English word "pay." Write three Spanish *numbers under ten* that contain the letter **e**. Say each word as you write it, paying special attention to the **e**.

_____   _____   _____

C. The letter **i** is pronounced "ee," as in the English word "see." Write two Spanish words used in *greetings* that contain the letter **i**. Say each word as you write it, paying special attention to the **i**.

_____   _____

D. The letter **o** is pronounced "oh," as in the English word "go." Write three Spanish *numbers over ten* that contain the letter **o**. Say each word as you write it, paying special attention to the **o**.

_____   _____   _____

E. The letter **u** is pronounced "oo," as in the English word "zoo." Write three Spanish words that you've learned so far that contain the letter **u**. Say each word as you write it, paying special attention to the **u**.

_____   _____   _____

Guided Practice Activities, En la escuela — **Para empezar**

Para empezar

Nombre _____ Hora _____

Fecha _____

Guided Practice Activities P-2

The letter c

- The letter **c** has two different sounds in Spanish. When it is followed by **a, o, u**, or any consonant other than **h**, it is a "hard **c**" and is pronounced like the **c** in "cat." Say these words with a hard **c**:

    <u>c</u>ómo   prá<u>c</u>tica   en<u>c</u>antado

- When the letter **c** is followed by **e** or **i**, it is a "soft **c**" and is pronounced like the **s** in "Sally." Say these words with a soft **c**:

    do<u>c</u>e   gra<u>c</u>ias   silen<u>c</u>io

A. Write out the numbers below (which all contain at least one letter **c**) in Spanish on the blanks provided.

1. 4   _____
2. 0   _____
3. 13   _____
4. 100   _____
5. 11   _____
6. 5   _____
7. 16   _____
8. 14   _____
9. 55   _____
10. 48   _____

B. Now, say aloud each of the words you wrote, paying special attention to the letter **c**. Go back to the answers you gave in **part A** and underline each hard **c** (as in **c**at). Circle each soft **c** (as in **S**ally). **Ojo:** Some words contain more than one **c**.

10 Guided Practice Activities, En la escuela — Para empezar

Para empezar

Nombre _____ Hora _____

Fecha _____

Vocabulary Flash Cards, Sheet 1

Write the Spanish vocabulary word below each picture. If there is a word or phrase, copy it in the space provided. Be sure to include the article for each noun.

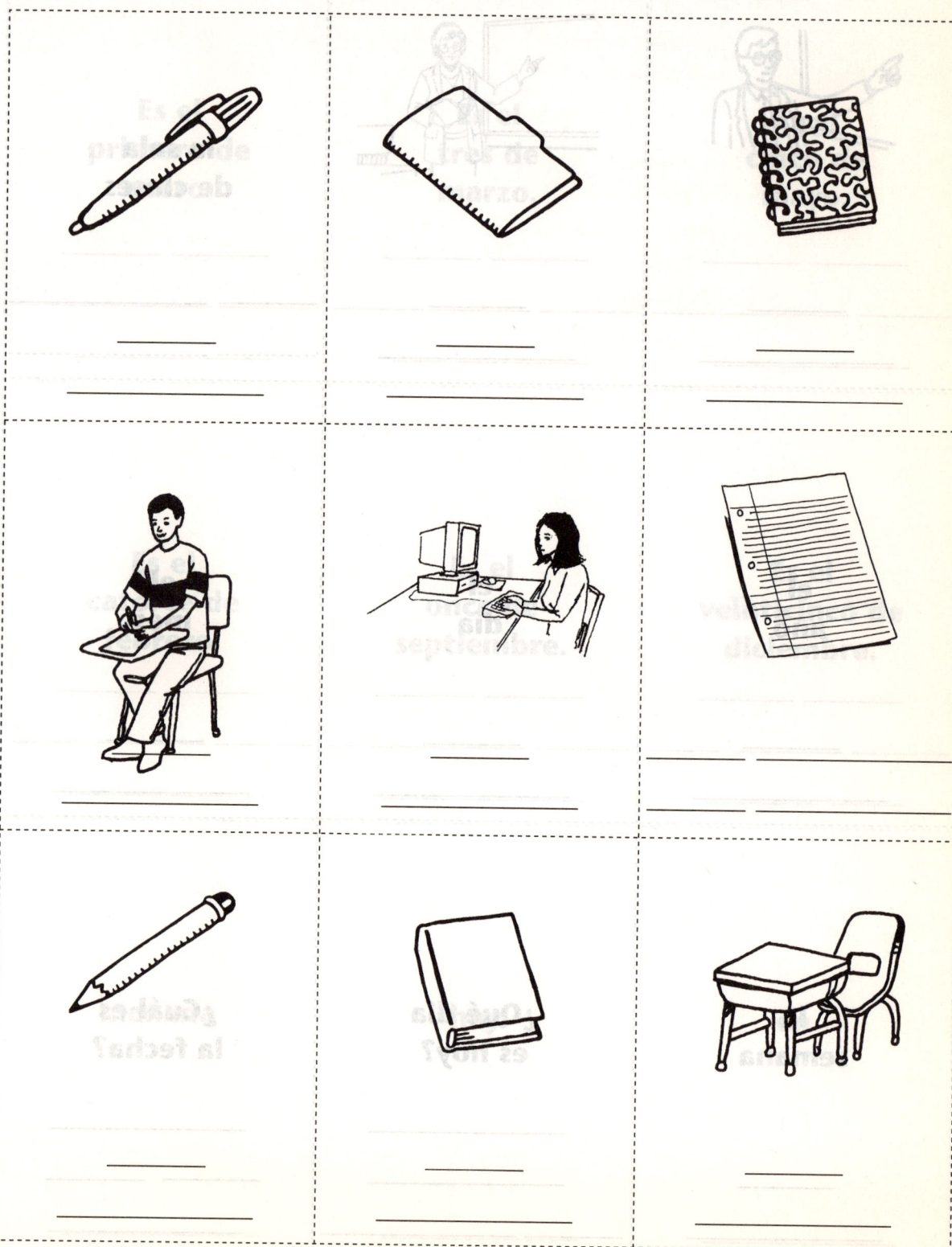

Guided Practice Activities, En la clase — Vocabulary Flash Cards

Para empezar

Vocabulary Flash Cards, Sheet 4

¿Cuántos?, ¿Cuántas?	hay	por favor
¿Cómo se dice...?	Se dice...	¿Cómo se escribe...?
Se escribe...	¿Qué quiere decir...?	Quiere decir...

Para empezar

Nombre _____ Hora _____

Fecha _____ **Vocabulary Check, Sheet 1**

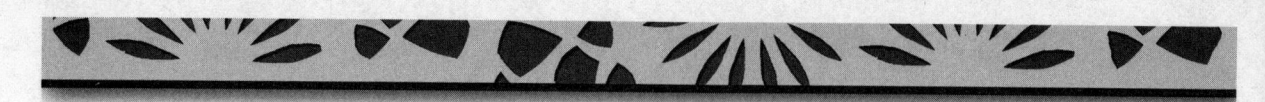

Tear out this page. Write the English words on the lines. Fold the paper along the dotted line to see the correct answers so you can check your work.

En la clase

el bolígrafo _____

la carpeta _____

el cuaderno _____

el estudiante,
la estudiante _____

la hoja de papel _____

el lápiz _____

el libro _____

el profesor,
la profesora _____

el pupitre _____

la sala de clases _____

el año _____

el día _____

el mes _____

la semana _____

hoy _____

mañana _____

Fold In →

Para empezar

Nombre _____ Hora _____

Fecha _____   **Vocabulary Check, Sheet 2**

Tear out this page. Write the Spanish words on the lines. Fold the paper along the dotted line to see the correct answers so you can check your work.

pen _____

folder _____

notebook _____

student _____
       _____

sheet of paper _____

pencil _____

book _____

teacher _____
        _____

(student) desk _____

classroom _____

year _____

day _____

month _____

week _____

today _____

tomorrow _____

16 Guided Practice Activities, En la clase — Vocabulary Check

Para empezar

Guided Practice Activities P-3

More c sounds

- In **Activity P-2** you learned that the letter **c** has two different sounds in Spanish: "hard **c**" and "soft **c**." The "hard **c**" sound is also created by the letter groups **que** and **qui**. **Que** is always pronounced like the English "kay" and **qui** is always pronounced like the English word "key." Say these words:

    quince   **que**   **quiere**

A. Remember that the hard **c** is sometimes spelled with a **c** and sometimes with a **q**. Underline the words in each group below with a hard **c** ("**c**at") sound. Say each word aloud as you read it.

1. clase / García / doce
2. trece / cien / carpeta
3. equis / cierren / dieciséis
4. gracias / saquen / Cecilia
5. cero / silencio / catorce
6. once / cuaderno / diciembre

B. Circle the words in each group with a soft **c** ("**S**ally") sound. Say each word aloud as you read it.

1. Ricardo / cuarto / atención
2. diciembre / cómo / octubre
3. carpeta / cuaderno / Alicia
4. qué / quiere / decir
5. cien / Cristina / cuántos
6. saquen / cierren / capítulo

Guided Practice Activities, En la clase — Para empezar

Para empezar

Nombre _____ Hora _____
Fecha _____

Guided Practice Activities P-4

The *h* sound

- In Spanish, some letters have different pronunciations than they do in English. For example, the letter **j** is pronounced like the letter *h* in the English word "**h**at," but even more strongly and in the back of the throat. The letter **g**, when followed by **e** or **i**, also has the same "h" sound. However, the Spanish letter **h** is always silent! Say these words aloud:

    Jorge   jueves   hay   hasta   hoja

A. Circle all of the words below with a *pronounced* "h" sound. Don't be fooled by the silent letter **h**! Say each word aloud as you read it.

julio	hoy	hasta
~~h~~oja	Jorge	Juan
junio	Guillermo	hora
José	página	hay
juego	¡Hola!	Eugenia

B. Now, go back to the words in **part A** and draw a diagonal line through every silent **h**. The first one has been done for you. Did you notice that **hoja** has both a silent **h** and a **j** that has a *pronounced* "h" sound?

18 Guided Practice Activities, En la clase • Para empezar

Nombre _____ Hora _____

Para empezar Fecha _____ **Vocabulary Flash Cards, Sheet 1**

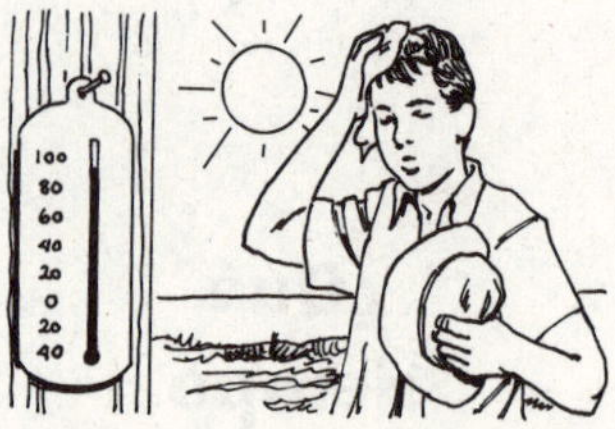

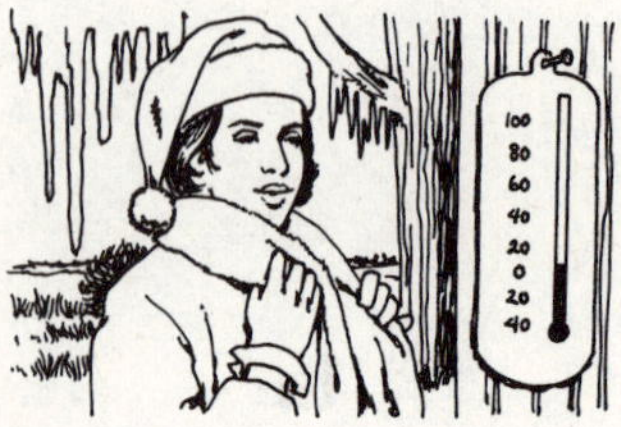

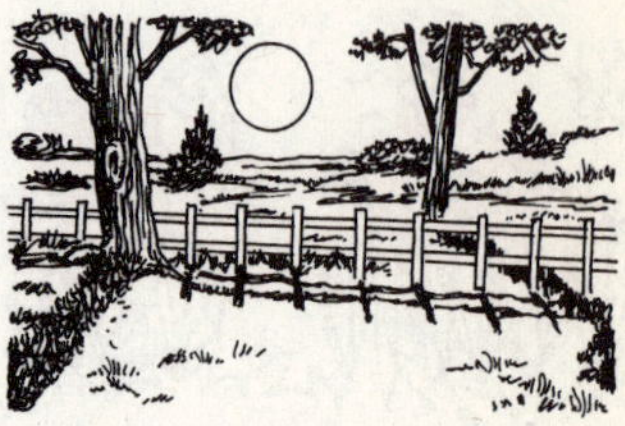

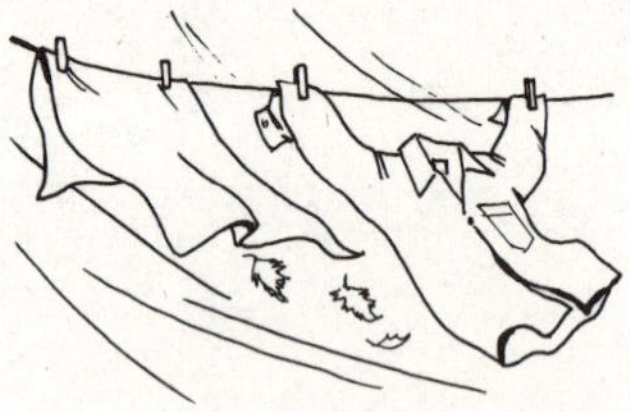

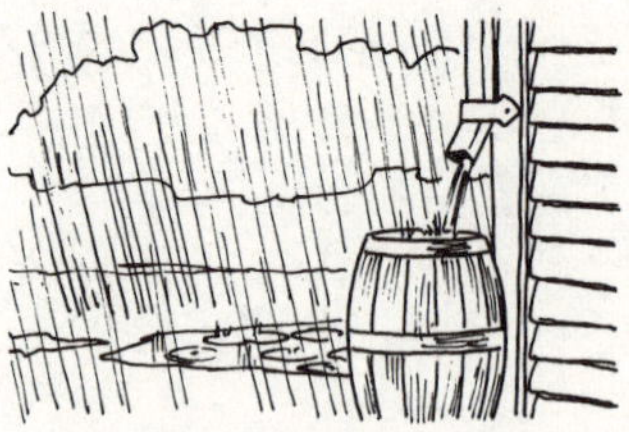

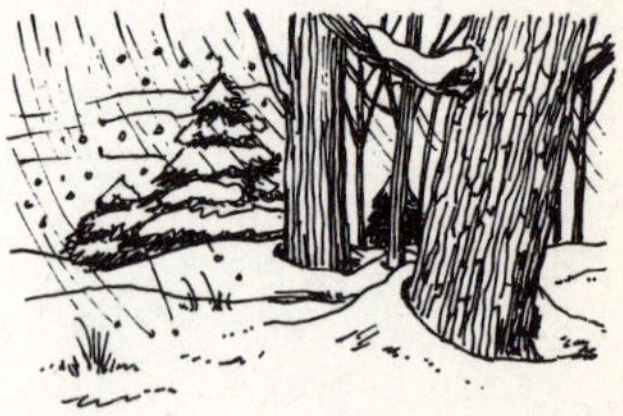

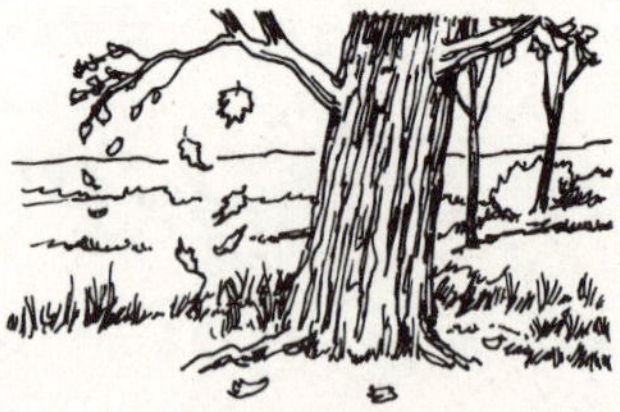

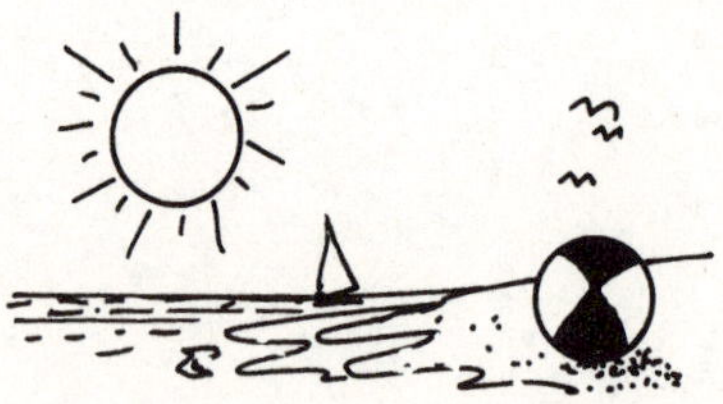

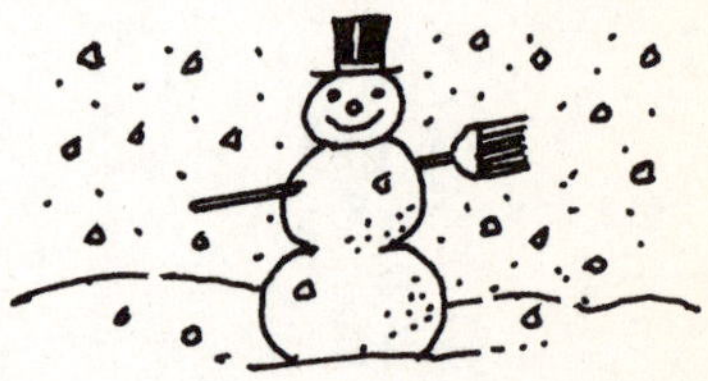

Guided Practice Activities, El tiempo — *Vocabulary Flash Cards* **19**

Nombre _____ Hora _____

Para empezar   Fecha _____   **Vocabulary Flash Cards, Sheet 2**

| | la estación | ¿Qué tiempo hace? |

20 Guided Practice Activities, El tiempo — Vocabulary Flash Cards

Nombre _____ Hora _____

Para empezar Fecha _____ **Vocabulary Check, Sheet 1**

Tear out this page. Write the English words on the lines. Fold the paper along the dotted line to see the correct answers so you can check your work.

El tiempo

Hace calor. _____

Hace frío. _____

Hace sol. _____

Hace viento. _____

Llueve. _____

Nieva. _____

la estación _____

el invierno _____

el otoño _____

la primavera _____

el verano _____

Fold In →

Guided Practice Activities, El tiempo — Vocabulary Check **21**

Para empezar

Nombre _____ Hora _____

Fecha _____ **Vocabulary Check, Sheet 2**

Tear out this page. Write the Spanish words on the lines. Fold the paper along the dotted line to see the correct answers so you can check your work.

It's hot.   _____

It's cold.   _____

It's sunny.   _____

It's windy.   _____

It's raining.   _____

It's snowing.   _____

season   _____

winter   _____

fall, autumn   _____

spring   _____

summer   _____

Fold In →

22 Guided Practice Activities, El tiempo — Vocabulary Check

Para empezar

Guided Practice Activities P-5

Special letters

- When studying the alphabet, you will notice a few letters that you may not have seen before. In addition to the letters we have in English, Spanish also has **ll**, **ñ**, and **rr**.

    a) **ll** is pronounced like a "y" in English, as in the word "**y**ellow."

    b) **ñ** is pronounced like the combination "ny," as in the English word "ca**ny**on."

    c) **rr** is a "rolled" sound in Spanish. It is made by letting your tongue vibrate against the roof of your mouth, and sounds a bit like a cat purring or a child imitating the sound of a helicopter.

Look at the pictures below and fill in the blanks in the words or phrases with either the letter **ll**, **ñ**, or **rr**. Be sure to say each word aloud as you write it, practicing the sounds of the new letters.

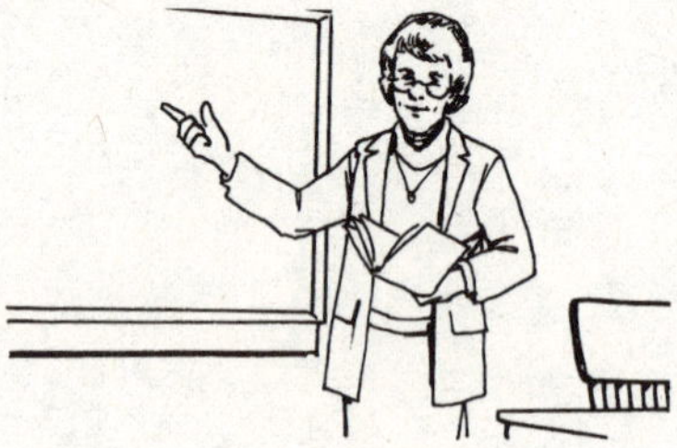

1. Es la se____ora Guité____ez.

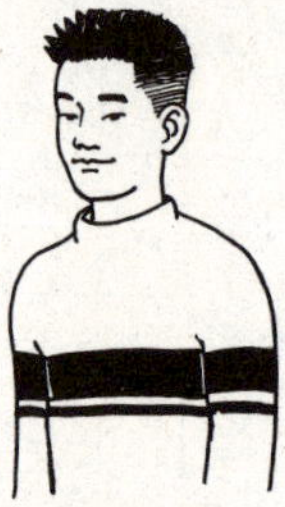

2. Me ____amo Gui____ermo.

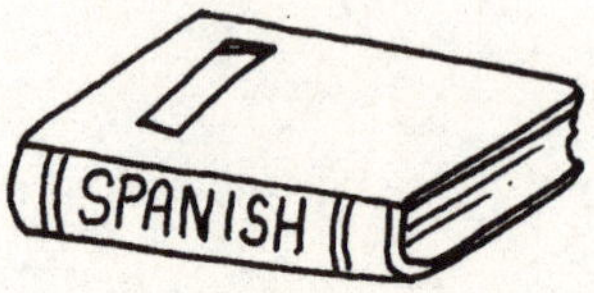

3. Es el libro de espa____ol.

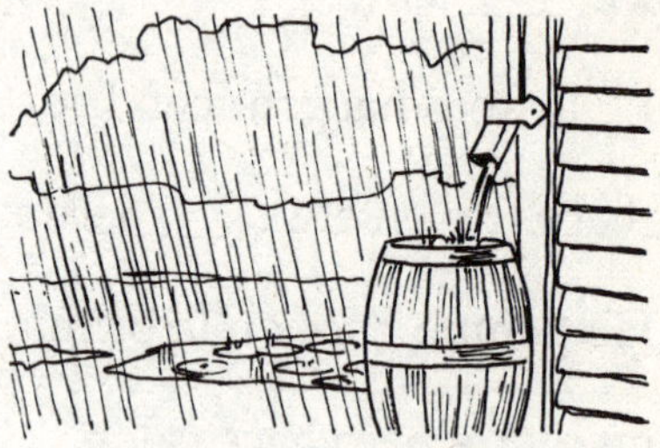

4. ____ueve en la primavera.

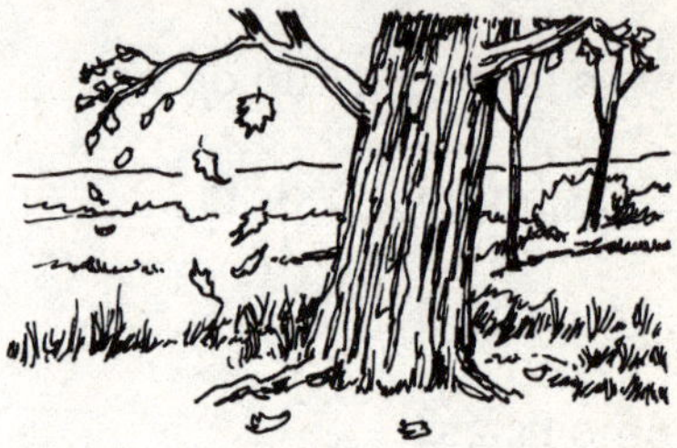

5. Hace viento en el oto____o.

Guided Practice Activities, El tiempo ━ *Para empezar*

Para empezar

Guided Practice Activities P-6

The letters *b* and *v*

- In Spanish, the letters **b** and **v** are both pronounced with a "b" sound, like in the English word "**b**oy." This makes pronunciation simple, but can make spelling more challenging! Say the following words:

    Buenos días.   ¡Nos vemos!   brazo   veinte   bolígrafo   verano

The phrases below all contain either **b** or **v**. Pronounce both with a "b" sound, and write the correct letter in the blanks in each conversation.

1. —Hola, profesor.

    —____uenos días, estudiantes.

2. —¿Qué tiempo hace en el otoño?

    —Hace ____iento.

3. En fe____rero hace mucho frío.

    —Sí, hace frío en el in____ierno.

4. —¿Qué tiempo hace en la prima____era?

    —Llue____e pero hace calor.

5. —¿Qué día es hoy?

    —Hoy es el ____einte de no____iembre.

6. —Le____ántense, por fa____or.

    —Sí, profesora.

7. —¿Cómo estás?

    —____ien, pero me duele el ____razo.

Capítulo 1A

Nombre _____

Fecha _____

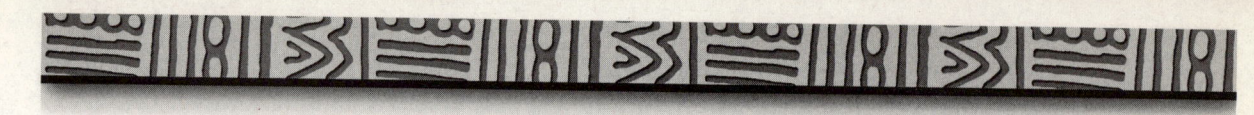

Hora _____

Vocabulary Flash Cards, Sheet 1

Write the Spanish vocabulary word below each picture. If there is a word or phrase, copy it in the space provided. Be sure to include the article for each noun.

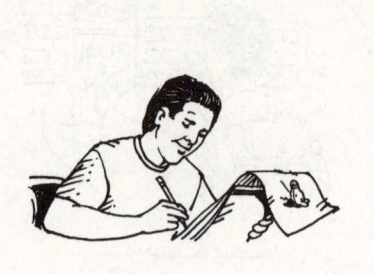

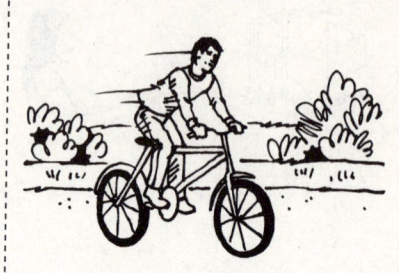

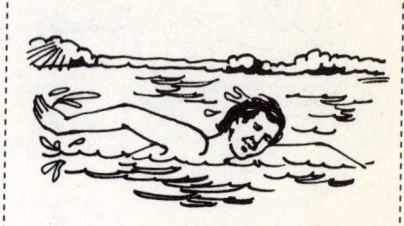

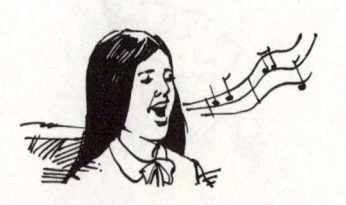

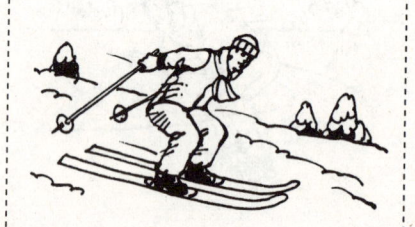

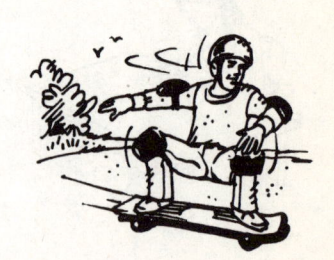

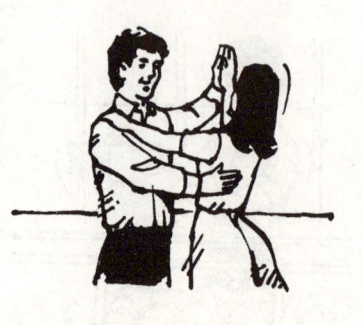

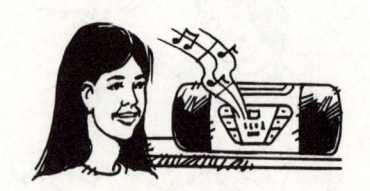

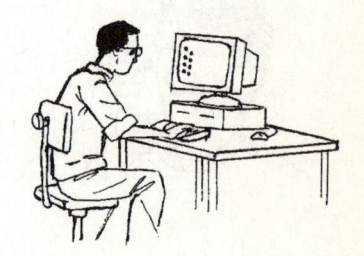

Guided Practice Activities — Vocabulary Flash Cards 1A **25**

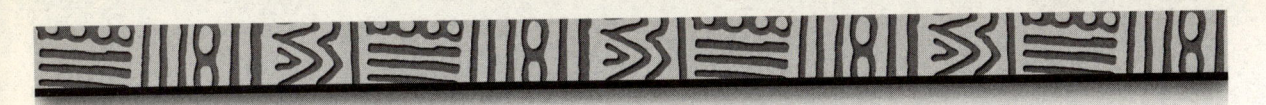

Capítulo 1A

Nombre

Hora

Fecha

Vocabulary Flash Cards, Sheet 2

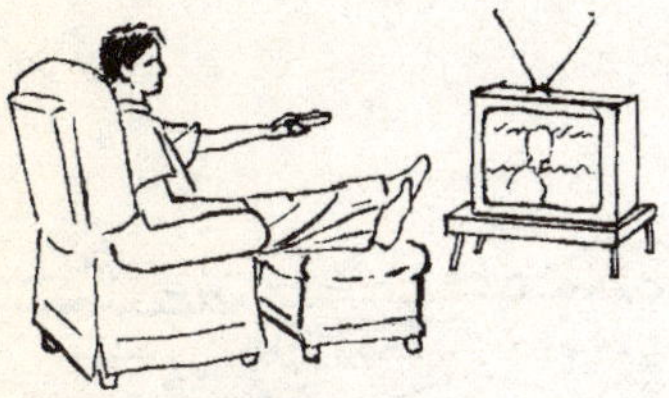

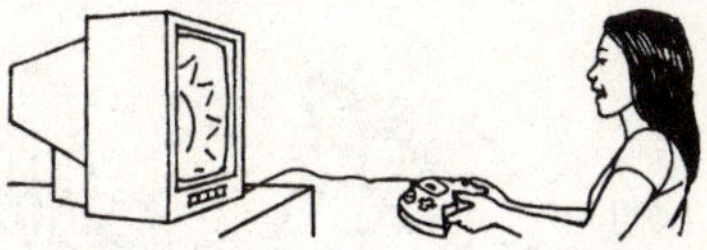

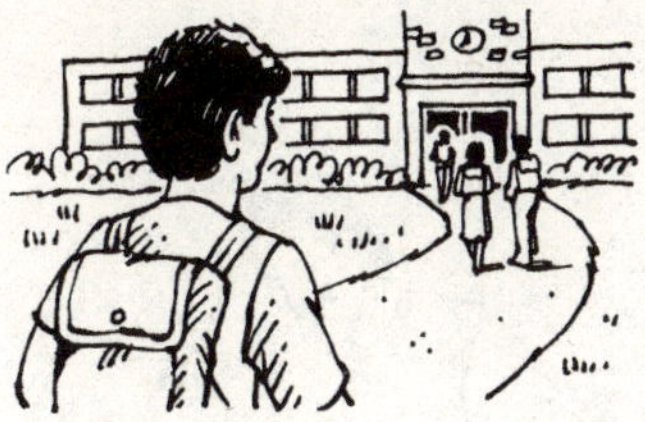

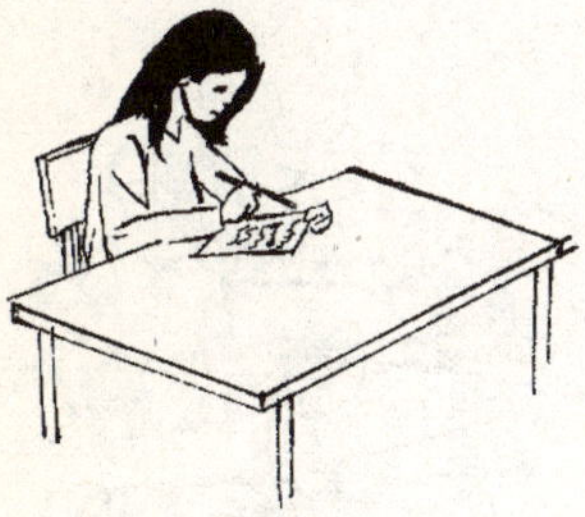

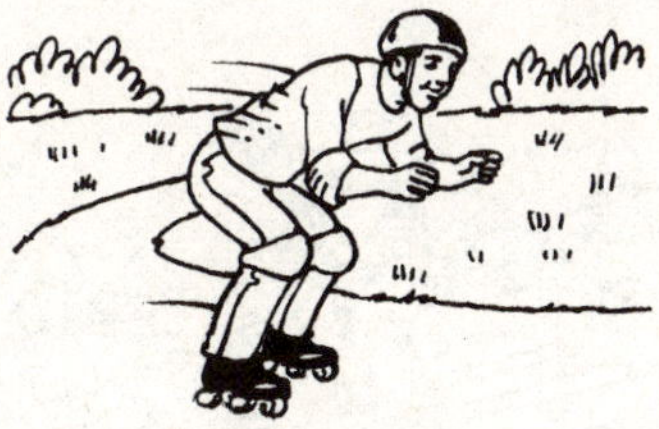

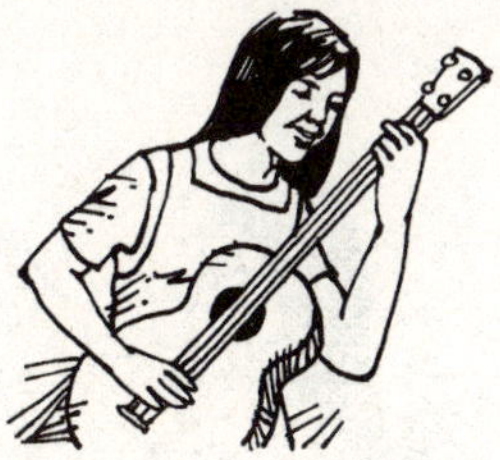

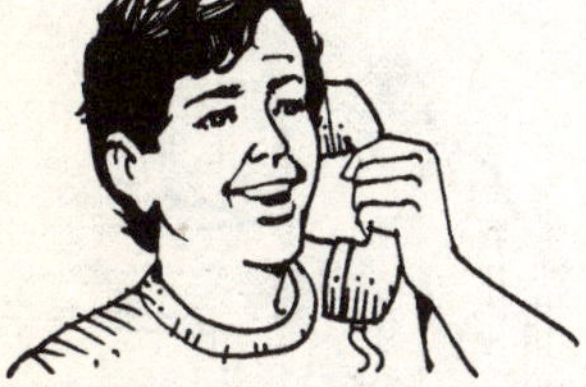

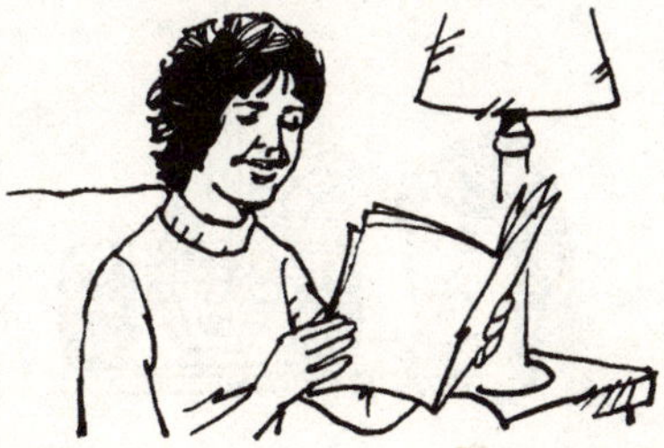

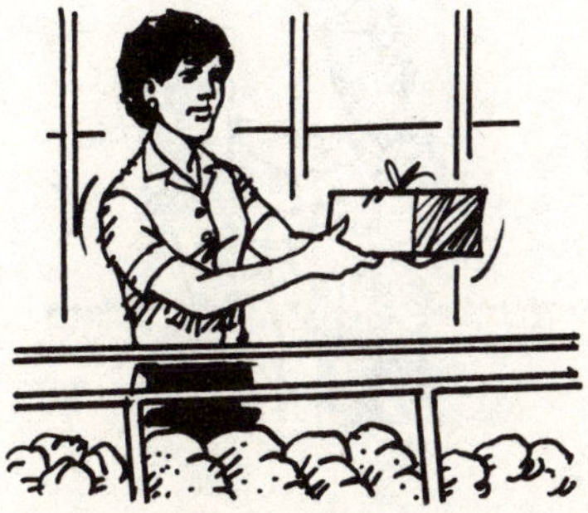

26 Guided Practice Activities — Vocabulary Flash Cards 1A

Capítulo 1A

Nombre _____ Hora _____

Fecha _____ **Vocabulary Flash Cards, Sheet 3**

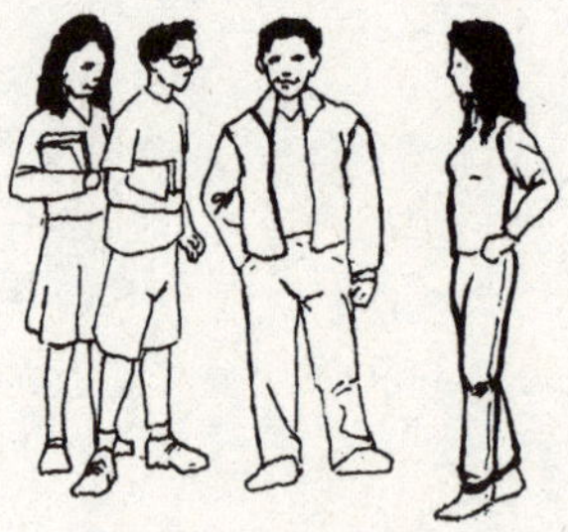	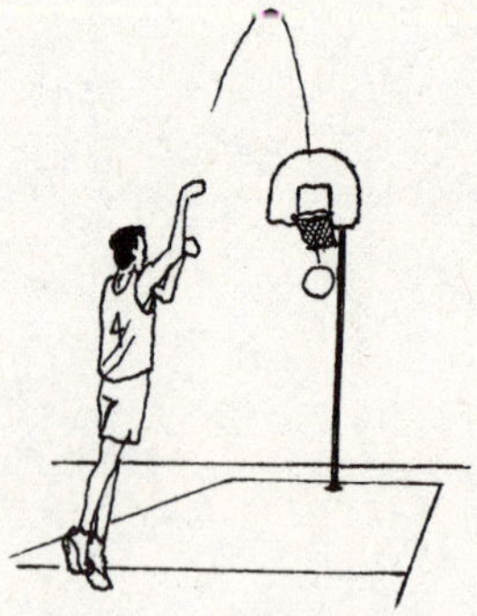	sí
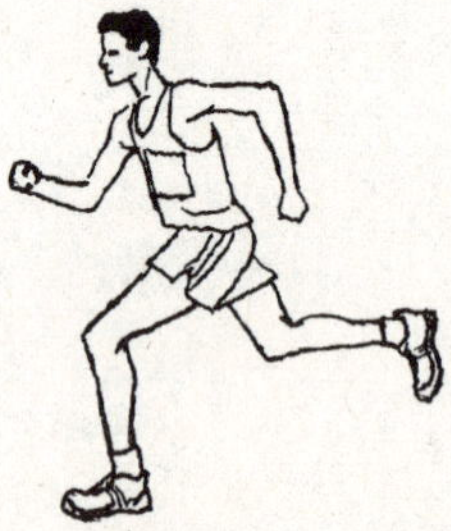	también	y
pues...	ni... ni	o

Guided Practice Activities — Vocabulary Flash Cards 1A **27**

Nombre _____ Hora _____

Capítulo 1A Fecha _____ **Vocabulary Flash Cards, Sheet 4**

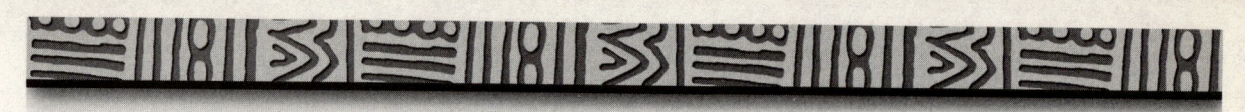

Capítulo 1A

Nombre _____ Hora _____
Fecha _____

Vocabulary Check, Sheet 1

Tear out this page. Write the English words on the lines. Fold the paper along the dotted line to see the correct answers so you can check your work.

bailar _____

cantar _____

correr _____

dibujar _____

escribir cuentos _____

escuchar música _____

esquiar _____

hablar por teléfono _____

ir a la escuela _____

jugar videojuegos _____

leer revistas _____

montar en bicicleta _____

montar en monopatín _____

Fold In

Guided Practice Activities — Vocabulary Check 1A

Capítulo 1A

Nombre _____ Hora _____

Fecha _____ **Vocabulary Check, Sheet 2**

Tear out this page. Write the Spanish words on the lines. Fold the paper along the dotted line to see the correct answers so you can check your work.

to dance _____

to sing _____

to run _____

to draw _____

to write stories _____

to listen to music _____

to ski _____

to talk on the phone _____
_____

to go to school _____

to play video games _____
_____

to read magazines _____

to ride a bicycle _____
_____

to skateboard _____
_____

Fold In →

© Pearson Education, Inc. All rights reserved.

30 Guided Practice Activities — Vocabulary Check 1A

Capítulo 1A

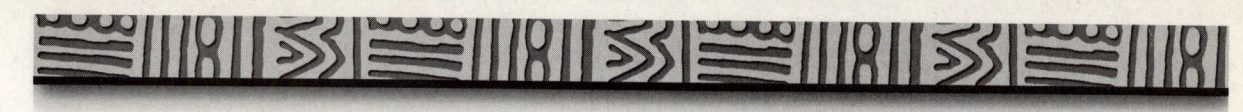

Nombre _____   Hora _____

Fecha _____   **Vocabulary Check, Sheet 3**

Tear out this page. Write the English words on the lines. Fold the paper along the dotted line to see the correct answers so you can check your work.

nadar _____

pasar tiempo _____
con amigos _____

patinar _____

practicar deportes _____

tocar la guitarra _____

trabajar _____

usar la _____
computadora _____

ver la tele _____
_____

Fold In →

Nombre _____ Hora _____

Capítulo 1A

Fecha _____ **Vocabulary Check, Sheet 4**

Tear out this page. Write the Spanish words on the lines. Fold the paper along the dotted line to see the correct answers so you can check your work.

to swim   _____

to spend time   _____
with friends   _____

to skate   _____

to play sports   _____
                                  _____

to play the guitar   _____

to work   _____

to use the   _____
computer   _____

to watch   _____
television

Fold In →

32 Guided Practice Activities — Vocabulary Check 1A

Capítulo 1A

Guided Practice Activities 1A-1

Infinitives (p. 32)

- The most basic form of a verb is an *infinitive*.
- In English, infinitives have the word "to" in front of them such as *to walk* or *to swim*.
- In Spanish, infinitives end in **-ar** (nadar), **-er** (leer), or **-ir** (escribir).

A. Look at each infinitive below and underline its ending. Follow the model.

Modelo patin<u>ar</u>

1. escribir
2. nadar
3. correr
4. esquiar
5. usar
6. dibujar
7. leer
8. jugar
9. ver

B. Now, write the infinitive in the correct column of the chart. Is it an **-ar** verb, **-er** verb, or **-ir** verb? The first one has been done for you.

-ar verbs	-er verbs	-ir verbs

C. Complete the sentences with infinitives from **part A** to express what you like and don't like to do.

1. Me gusta _____ y _____.
2. No me gusta _____.
3. Me gusta mucho _____.

Capítulo 1A — Guided Practice Activities **1A-2**

Negatives (p. 36)

- To make an English sentence negative, you usually use the word "not": *I do **not** like to sing.*
- To make a Spanish sentence negative, you usually put **no** in front of the verb or expression: ***No** me gusta cantar.*
- To answer a Spanish question negatively, you often use **no** twice: *¿Te gusta bailar? **No**, **no** me gusta.*
- To say that you do not like something at all, you add the word **nada**: *No, no me gusta **nada**.*
- To say you don't like either of two choices, use **ni... ni**: *No me gusta **ni** correr **ni** practicar deportes.*

A. Look at the sentences and circle only the *negative* words you see. Some sentences do not have negative words. Follow the model. (*Hint:* There should be eight words circled.)

Modelo   No me gusta cantar.

1. ¿Te gusta bailar?
2. No, no me gusta bailar.
3. ¿Te gusta patinar?
4. No, no me gusta nada.
5. No me gusta ni bailar ni patinar.

B. You circled three different negative words in **part A** above. What are they? Write them on the lines.

_____   _____   _____

C. Use the negative words **no**, **ni**, and **nada** to complete the following conversation.

ELENA: Enrique, ¿te gusta escuchar música?
ENRIQUE: No, _____ me gusta.
ELENA: ¿Te gusta bailar?
ENRIQUE: _____, no me gusta bailar.
ELENA: No te gusta _____ escuchar música _____ bailar. ¿Qué te gusta hacer?
ENRIQUE: ¡Me gusta ver la tele!
ELENA: ¡Uy, no me gusta _____!

34   Guided Practice Activities — 1A-2

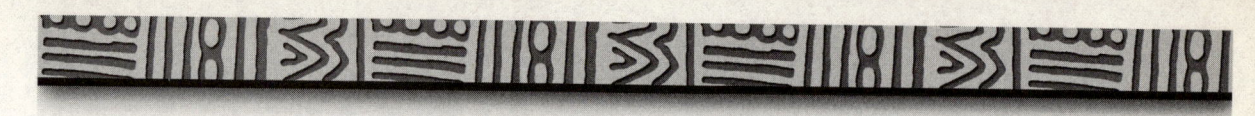

Nombre _____ Hora _____

Capítulo 1A Fecha _____

Guided Practice Activities 1A-3

Negatives *(continued)*

D. Complete the sentences with activities you don't like. You can use the drawings for ideas of activities.

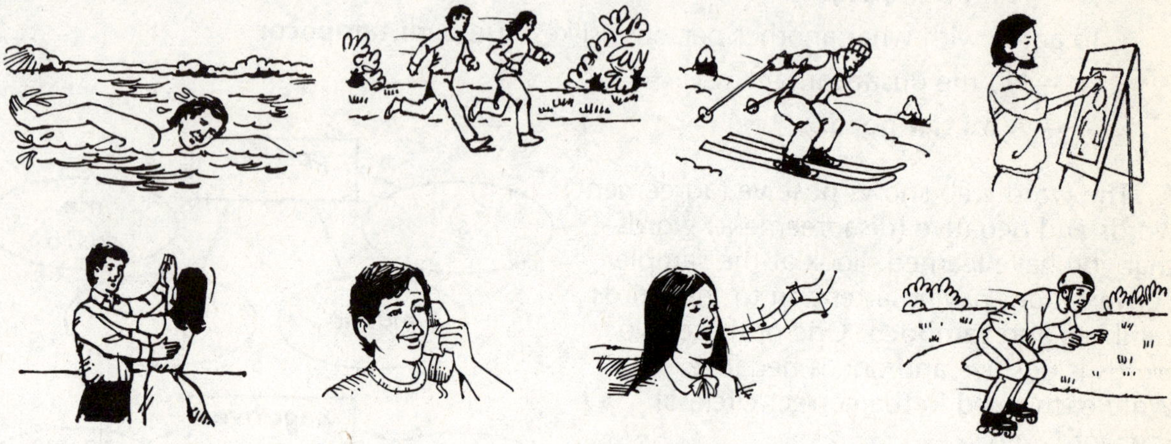

1. No me gusta _____.
2. No me gusta _____.
3. No me gusta ni _____ ni _____.

E. Now answer the questions negatively. Follow the models.

Modelos ¿Te gusta esquiar?
No, no me gusta esquiar.

¿Te gusta correr y nadar?
No, no me gusta ni correr ni nadar.

1. ¿Te gusta dibujar?
   _____

2. ¿Te gusta cantar?
   _____

3. ¿Te gusta escribir cuentos?
   _____

4. ¿Te gusta esquiar y nadar?
   _____

5. ¿Te gusta patinar y correr?
   _____

Guided Practice Activities — 1A-3 35

Capítulo 1A

Guided Practice Activities 1A-4

Expressing agreement or disagreement (p. 38)

- To agree with what another person <u>likes</u>, use **a mí también**:
    —Me gusta patinar.
    —**A mí también.**
- To agree with what another person <u>dislikes</u>, use **a mí tampoco**:
    —No me gusta cantar.
    —**A mí tampoco.**

A. The word web shows positive (agreement) words and negative (disagreement) words that you have learned. Look at the sample conversation, paying attention to the words **también** and **tampoco**. One of these two words is positive and one is negative. Write each word in the correct circle of the word web.

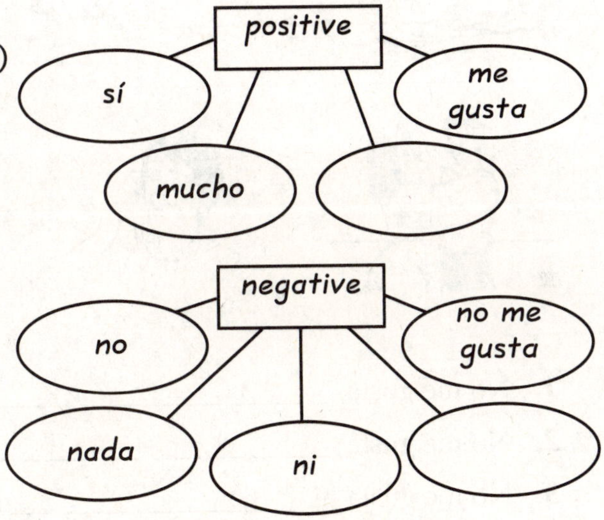

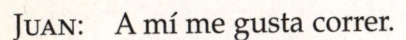

JUAN: A mí me gusta correr.
ANA: A mí **también**.
JUAN: No me gusta cantar.
ANA: A mí **tampoco**.

positive: sí, me gusta, mucho

negative: no, no me gusta, nada, ni

B. Now, complete the following exchanges with either **también** or **tampoco**.

1. JORGE: A mí me gusta mucho dibujar.
   SUSANA: A mí _____.

2. LUIS: No me gusta nada hablar por teléfono.
   MARCOS: A mí _____.

3. OLIVIA: A mí no me gusta ni bailar ni correr.
   ALBERTO: A mí _____.

4. NATALIA: Me gusta esquiar. ¿Y a ti?
   JAVIER: A mí _____.

5. SARA: A mí no me gusta trabajar.
   PABLO: A mí _____.

6. LORENA: Me gusta mucho montar en bicicleta. ¿Y a ti?
   MARTA: A mí _____.

C. Look back at the exchanges in **part B** above. Put a plus (+) next to the exchange if it is positive. Put a minus (–) next to it if it is negative.

Nombre _____ Hora _____

Capítulo 1A Fecha _____

Guided Practice Activities 1A-5

Lectura: ¿Qué te gusta hacer? (pp. 40–41)

A. The reading in your textbook contains four self-descriptions by students from various parts of the Spanish-speaking world. Read the following selection about Marisol. Then answer the questions that follow.

> "¿Te gusta practicar deportes y escuchar música? ¡A mí me gusta mucho! También me gusta jugar al básquetbol. ¡Hasta luego!"

1. Go back to the reading above and circle the sentence where Marisol is asking you a question.
2. Underline the words that tell you that Marisol is talking about things that she likes.
3. Now list the activities that Marisol likes to do in the spaces below:
   _____   _____

B. Read the following selection written by Pablo and answer the questions that follow.

> "Me gusta mucho jugar al vóleibol y al tenis. Me gusta escribir cuentos y también me gusta organizar fiestas con amigos. No me gusta ni jugar videojuegos ni ver la tele. ¡Hasta pronto!"

1. Underline the words that tell you that Pablo is talking about things that he likes.
2. Circle the things Pablo does not like.
3. Pablo is from «Guinea Ecuatorial». How would you write that in English?
   _____

C. Some quotes from the reading are listed below. Identify the speaker of each by writing in their name and country of origin. Follow the model.

Modelo "Me gusta jugar al básquetbol."   _Marisol_   _Puerto Rico_

1. "Me gusta mucho ver la tele."   _____ _____
2. "Me gusta escribir cuentos."   _____ _____
3. "Me gusta hablar por teléfono con amigos."   _____ _____
4. "Me gusta organizar fiestas con amigos."   _____ _____
5. "Me gusta tocar el piano."   _____ _____

Guided Practice Activities — 1A-5

Capítulo 1A

Nombre _____ Hora _____

Fecha _____

Guided Practice Activities 1A-6

Presentación oral (p. 43)

Task: Pretend that you are a new student at school. You have been asked to tell the class a little bit about your likes and dislikes.

A. Fill in each empty space in the diagram with at least two activities that represent you.

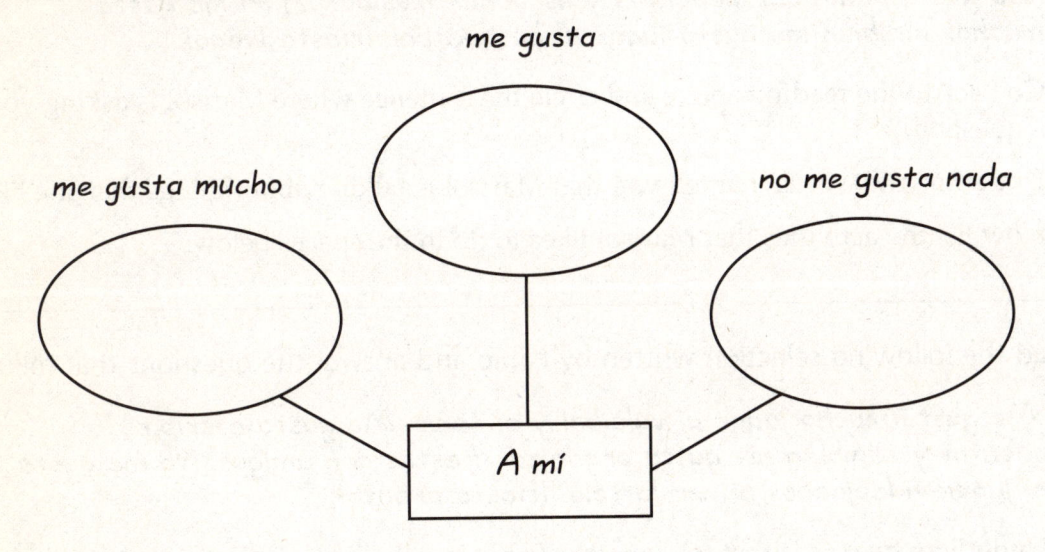

me gusta

me gusta mucho   *no me gusta nada*

A mí

B. As part of your presentation, you will need to introduce yourself to everyone before you begin talking about your likes and dislikes. Think about how you would introduce yourself in Spanish to someone you don't know. Write one possibility below.

_____

C. Now, add to your greeting by talking about what you like and dislike. Using your information from the diagram in **part A**, write three sentences describing what you like, what you like a lot, and what you do not like.

1. Me gusta _____.
2. Me gusta mucho _____.
3. No me gusta _____.

D. Your teacher will always evaluate your presentations using a rubric, which is like a checklist of elements needed to perform your task. The fewer items completed, the lower the score. Some of the items for this presentation include:

- how much information you communicate
- how easy it is to understand you
- how clearly and neatly your visuals match what you are saying

Capítulo 1B

Nombre _____ **Hora** _____

Fecha _____

Vocabulary Flash Cards, Sheet 1

Write the Spanish vocabulary word below each picture. If there is a word or phrase, copy it in the space provided. Be sure to include the article for each noun.

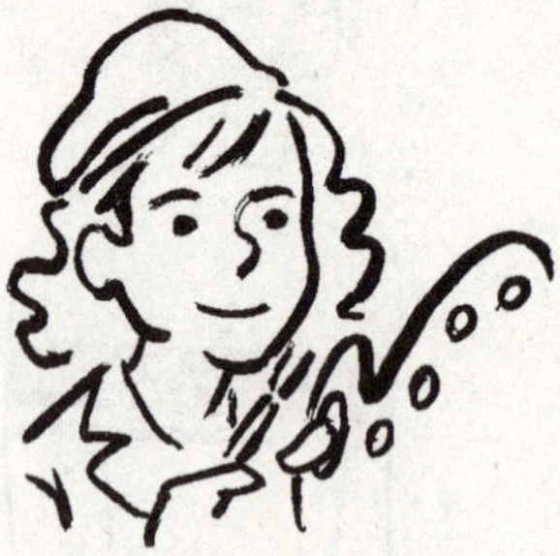

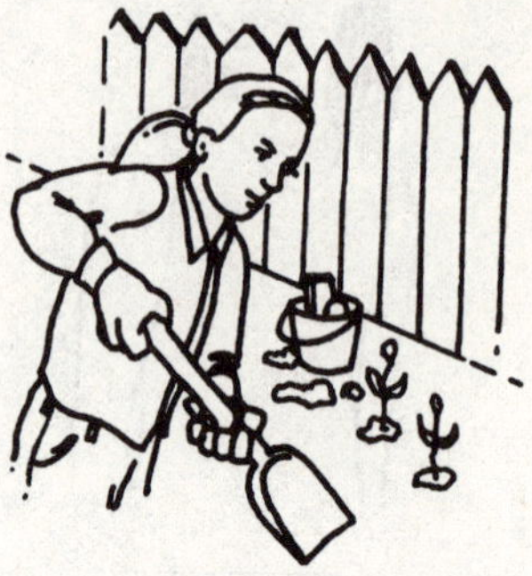

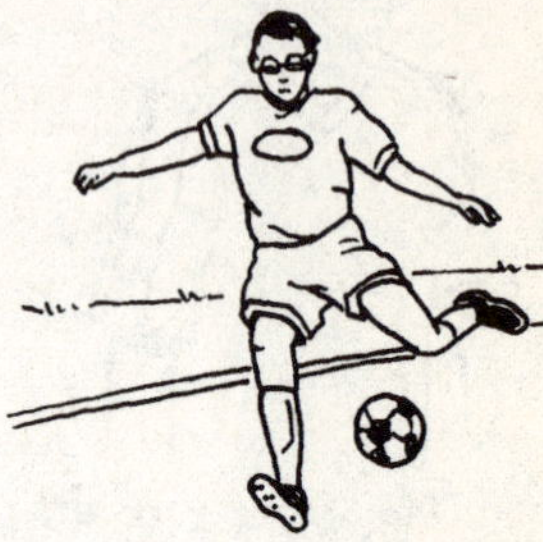

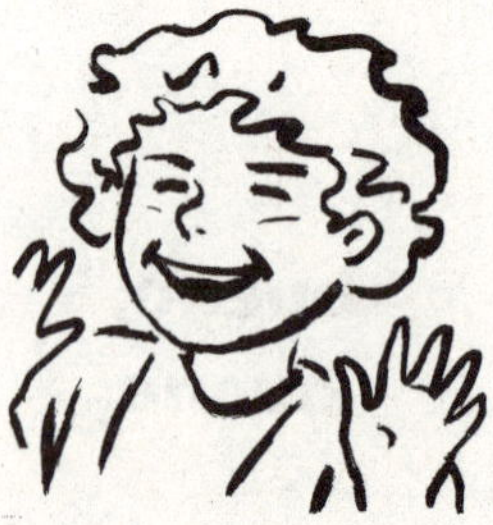

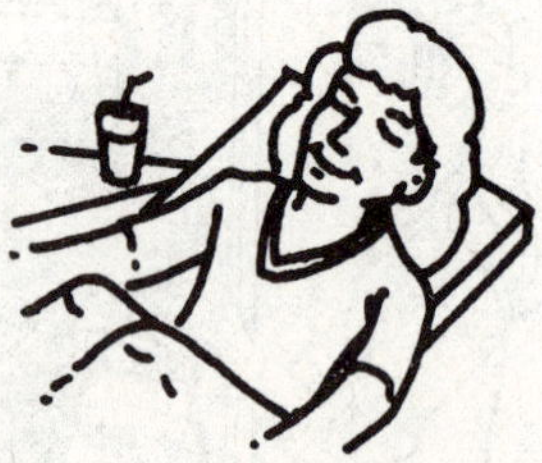

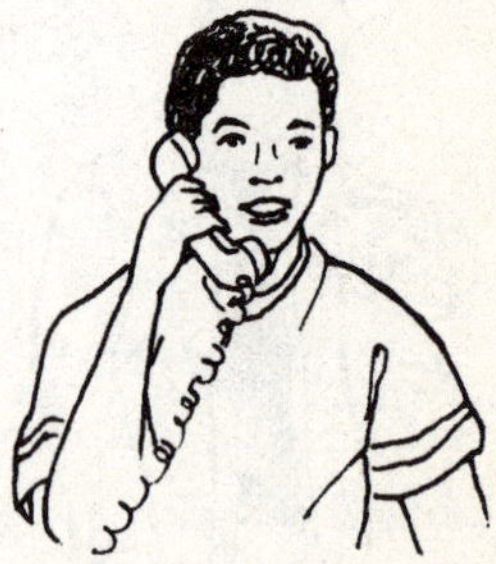

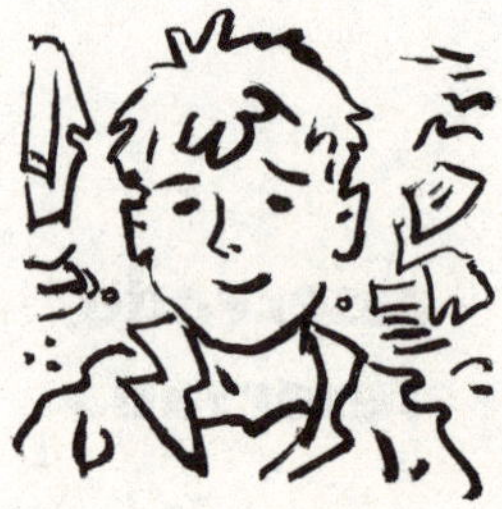

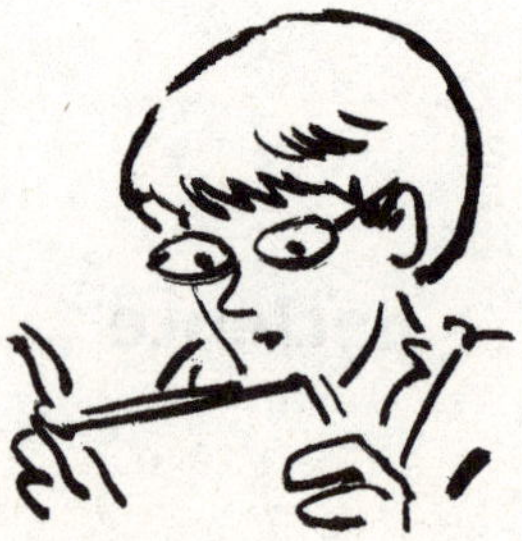

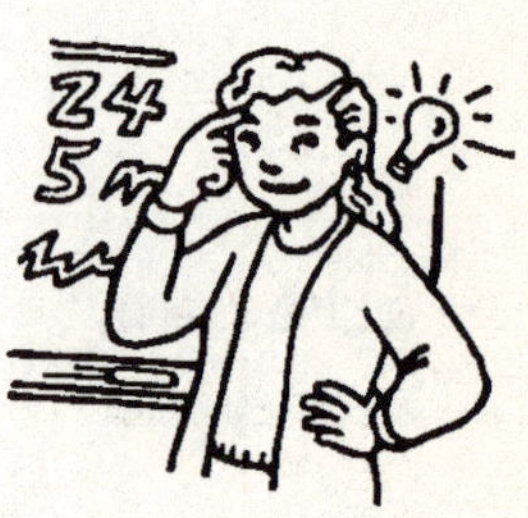

Guided Practice Activities — *Vocabulary Flash Cards 1B*

Capítulo 1B

Nombre _____ Hora _____

Fecha _____

Vocabulary Flash Cards, Sheet 2

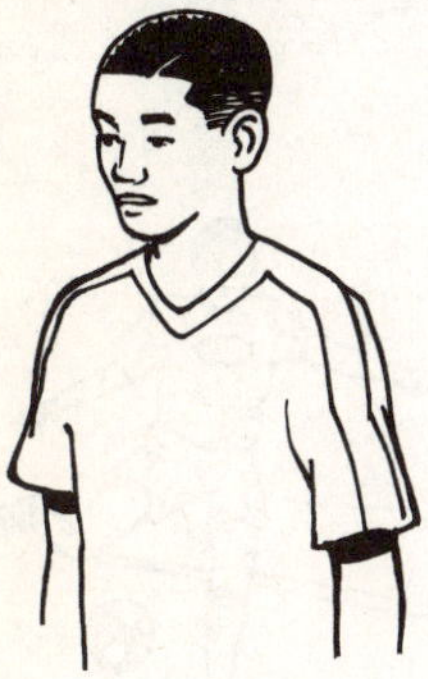

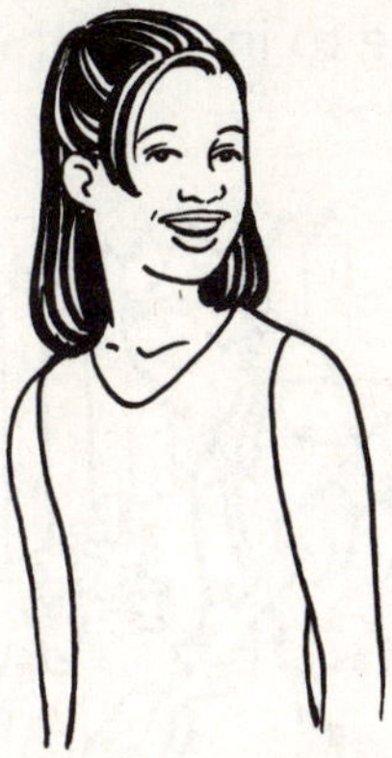

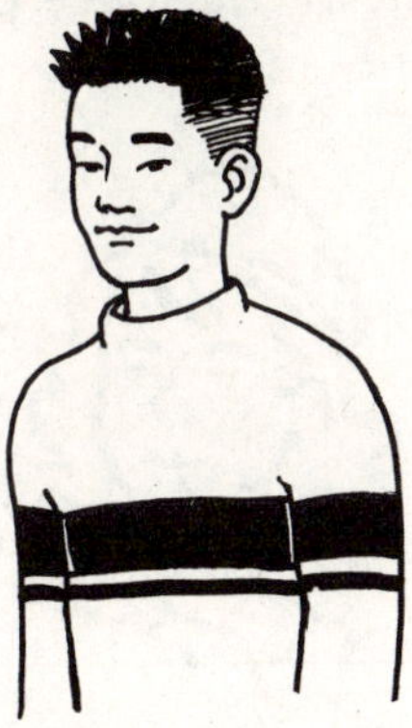

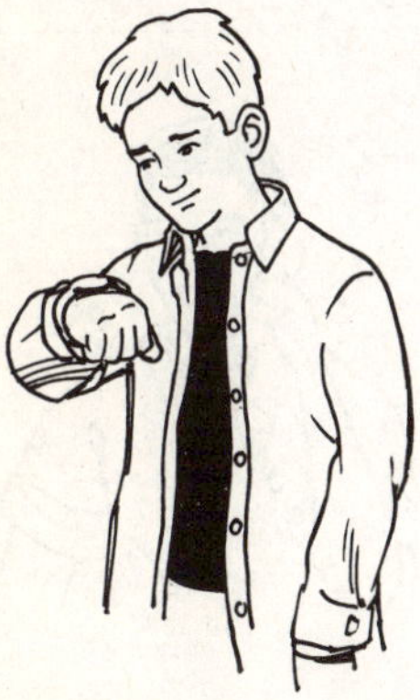

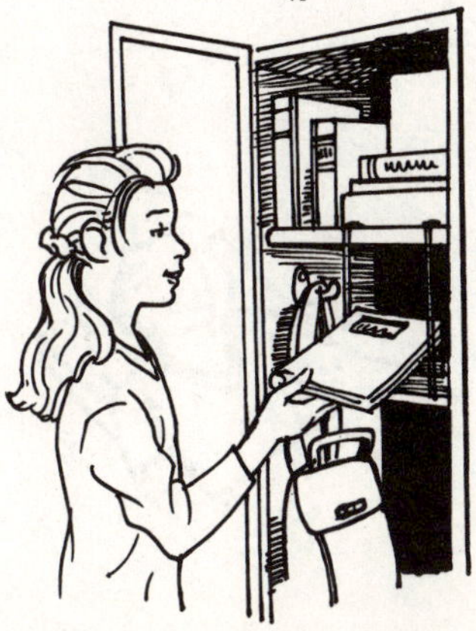

_____	_____	_____
		bueno, buena
_____	_____	_____ , _____
atrevido, atrevida	**paciente**	**reservado, reservada**
_____ , _____	_____	_____ , _____

40 Guided Practice Activities — Vocabulary Flash Cards 1B

Capítulo 1B

Nombre _____ Hora _____

Fecha _____

Vocabulary Flash Cards, Sheet 3

simpático, simpática	talentoso, talentosa	yo
_____, _____	_____, _____	_____

él	ella	la familia
_____	_____	_____

el amigo	la amiga	a veces
_____	_____	_____

Guided Practice Activities — Vocabulary Flash Cards 1B

Capítulo 1B

Nombre _____ Hora _____

Fecha _____

Vocabulary Flash Cards, Sheet 4

muy	pero	según
según mi familia		

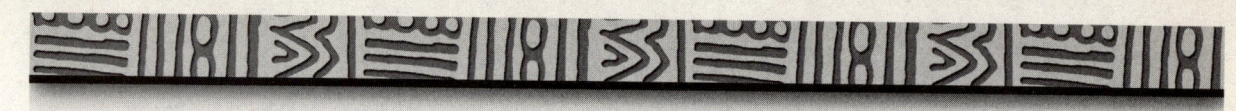

Nombre _____ **Hora** _____

Capítulo 1B **Fecha** _____ **Vocabulary Check, Sheet 1**

Tear out this page. Write the English words on the lines. Fold the paper along the dotted line to see the correct answers so you can check your work.

artístico, artística _____

atrevido, atrevida _____

bueno, buena _____

deportista _____

desordenado, desordenada _____

estudioso, estudiosa _____

gracioso, graciosa _____

impaciente _____

inteligente _____

ordenado, ordenada _____

paciente _____

perezoso, perezosa _____

Fold In

Guided Practice Activities — *Vocabulary Check 1B*

Capítulo 1B

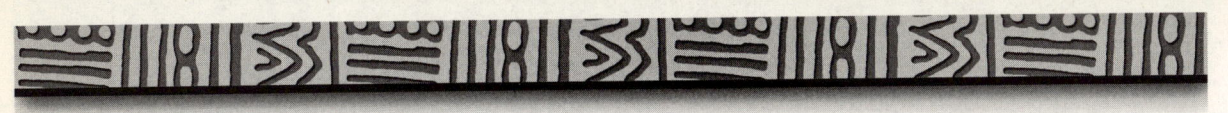

Nombre _____ **Hora** _____

Fecha _____ **Vocabulary Check, Sheet 2**

Tear out this page. Write the Spanish words on the lines. Fold the paper along the dotted line to see the correct answers so you can check your work.

artistic _____

_____

daring _____

_____

good _____

sports-minded _____

messy _____

_____

studious _____

_____

funny _____

_____

impatient _____

intelligent _____

neat _____

_____

patient _____

lazy _____

_____

Fold In →

44 Guided Practice Activities — Vocabulary Check 1B

Capítulo 1B

Nombre _____ Hora _____

Fecha _____

Vocabulary Check, Sheet 3

Tear out this page. Write the English words on the lines. Fold the paper along the dotted line to see the correct answers so you can check your work.

reservado, reservada _____

serio, seria _____

simpático, simpática _____

sociable _____

talentoso, talentosa _____

trabajador, trabajadora _____

el chico _____

la chica _____

el amigo _____

la amiga _____

yo _____

él _____

ella _____

muy _____

según mi familia _____

Fold In →

Guided Practice Activities — Vocabulary Check 1B

Nombre _____ **Hora** _____

Capítulo 1B

Fecha _____ **Vocabulary Check, Sheet 4**

Tear out this page. Write the Spanish words on the lines. Fold the paper along the dotted line to see the correct answers so you can check your work.

reserved, shy _____
_____

serious _____

nice, friendly _____
_____

sociable _____

talented _____
_____

hardworking _____
_____

boy _____

girl _____

friend (male) _____

friend (female) _____

I _____

he _____

she _____

very _____

according to my family _____

Fold In →

46 Guided Practice Activities — Vocabulary Check 1B

Capítulo 1B

Nombre _____ Hora _____

Fecha _____

Guided Practice Activities 1B-1

Adjectives (p. 55)

- Words that describe people and things are called adjectives.
- Most Spanish adjectives have two forms: masculine (ends in **-o** like **simpático**) and feminine (ends in **-a** like **estudiosa**).
- Masculine adjectives are used with masculine nouns: **Tomás es simpático**.
- Feminine adjectives are used with feminine nouns: **Luisa es estudiosa**.
- Adjectives that end in **-e** and **-ista** may be used with either masculine or feminine nouns:

    Tomás es inteligente. Luisa es inteligente también.

    Marcos es muy deportista. Ana es muy deportista también.

- Adjectives with the masculine form **-dor** have **-dora** as the feminine form:

    Juan es trabajador. Susana es trabajadora también.

A. Look at the adjectives below. Circle the ending of the adjective: **-o, -a, -or, -ora, -e,** or **-ista**.

1. trabajador
2. deportista
3. paciente
4. ordenada
5. inteligente
6. simpática
7. trabajadora
8. sociable
9. estudioso

B. Now, organize the adjectives from **part A** by writing them in the chart under the correct column heading. One has been done for you.

Masculine endings		Feminine endings		Masculine or feminine	
-o	-or	-a	-ora	-e	-ista
	trabajador				

C. Now look at the following sentences. Write **M** next to the sentences where the adjective is masculine. Write **F** next to the sentences where the adjective is feminine. Write **E** next to the sentences where the adjective could be *either* masculine or feminine.

___ 1. Yo soy muy simpática.
___ 2. Tú eres muy estudioso.
___ 3. Tú eres muy ordenado.
___ 4. Yo soy muy trabajadora.
___ 5. Yo soy muy inteligente.
___ 6. Tú eres muy trabajador.
___ 7. Yo soy muy paciente.
___ 8. Yo soy muy deportista.
___ 9. Tú eres muy reservada.
___ 10. Tú eres muy impaciente.

Capítulo 1B — Nombre ___ Hora ___

Fecha ___

Guided Practice Activities 1B-2

Adjectives (continued)

D. Choose the correct adjective to complete each sentence and write it in the blank.

1. 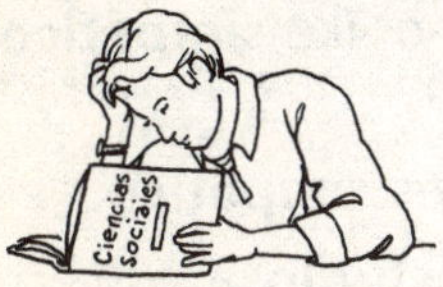 Raúl es (**estudioso** / **estudiosa**) ___.

2. 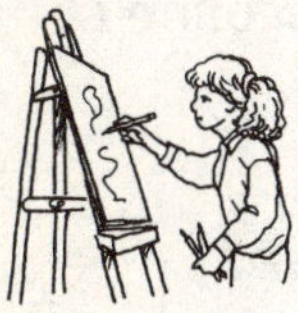 Rebeca es (**artístico** / **artística**) ___.

3. 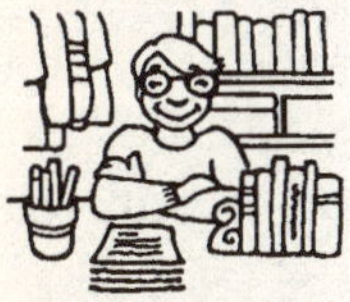 Pedro es muy (**ordenado** / **ordenada**) ___.

4. 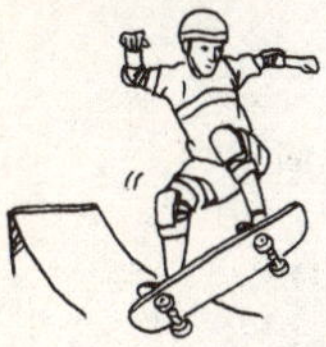 Paulina es muy (**atrevido** / **atrevida**) ___.

5. 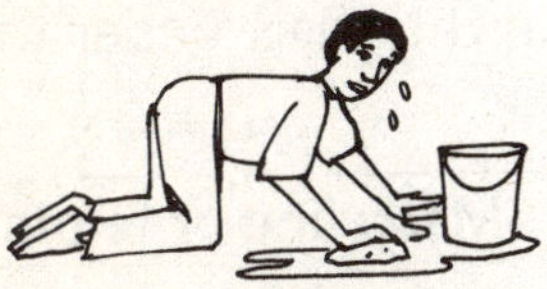 Javier es (**trabajador** / **trabajadora**) ___.

6. 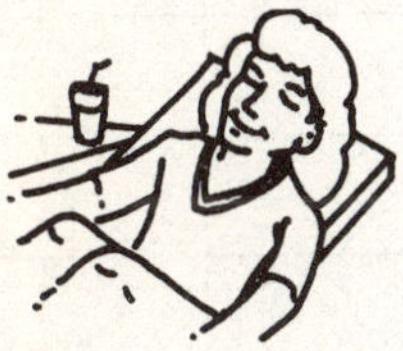 Elena es (**perezoso** / **perezosa**) ___.

E. Now, choose the correct adjective in each sentence to describe yourself. Write the adjective in the blank.

1. Yo soy (**paciente** / **impaciente**) ___.
2. Soy (**simpático** / **simpática**) ___.
3. También soy (**trabajador** / **trabajadora**) ___.
4. No soy (**serio** / **seria**) ___.

Nombre _____ Hora _____

Capítulo 1B Fecha _____

Guided Practice Activities 1B-3

Definite and indefinite articles (p. 60)

- **El** and **la** are the Spanish *definite articles*. They mean the same as "the" in English.
- You use **el** with masculine nouns: **el libro**. You use **la** with feminine nouns: **la carpeta**.
- **Un** and **una** are the Spanish *indefinite articles*. They mean the same as "a" and "an" in English.
- You use **un** with masculine nouns: **un libro**. You use **una** with feminine nouns: **una carpeta**.

A. Look at the ending of each noun in this group. Decide if the noun is masculine or feminine. Write **M** next to the masculine words and **F** next to the feminine words. Follow the model.

Modelo __F__ computadora

1. _____ año
2. _____ semana
3. _____ libro
4. _____ hoja
5. _____ carpeta
6. _____ profesor

B. Now, look at the words from **part A** again and circle the definite article **el** for the masculine words and the definite article **la** for the feminine words.

1. (el / la) año
2. (el / la) semana
3. (el / la) libro
4. (el / la) hoja
5. (el / la) carpeta
6. (el / la) profesor

C. Look at the ending of each noun below. Decide if the word is masculine or feminine. Write **M** next to the masculine words and **F** next to the feminine words.

1. _____ cuaderno
2. _____ amigo
3. _____ revista
4. _____ familia
5. _____ bicicleta
6. _____ cuento

D. Now, look at the words from **part C** again and circle the indefinite article **un** for the masculine words and the indefinite article **una** for the feminine words.

1. (un / una) cuaderno
2. (un / una) amigo
3. (un / una) revista
4. (un / una) familia
5. (un / una) bicicleta
6. (un / una) cuento

E. Circle the correct definite or indefinite article to complete each sentence.

1. (El / La) estudiante es estudiosa.
2. (El / La) profesora es buena.
3. (Un / Una) amigo es simpático.
4. (Un / Una) estudiante es atrevida.
5. (El / La) profesor es trabajador.
6. (Un / Una) estudiante es artístico.
7. (El / La) amiga es inteligente.
8. (Un / Una) estudiante es reservada.

Guided Practice Activities — 1B-3

Capítulo 1B

Guided Practice Activities 1B-4

Word order: Placement of adjectives (p. 62)

- English adjectives usually come *before* the noun they describe.
- Spanish adjectives usually come *after* the noun they describe:

    Olga es una <u>chica talentosa</u>.

- Many Spanish sentences follow this pattern:

    <u>subject noun</u> + <u>verb</u> + <u>indefinite article and noun</u> + <u>adjective</u>
          1   2   3   4

    <u>Roberto</u> <u>es</u> <u>un estudiante</u> <u>bueno</u>.   <u>Serena</u> <u>es</u> <u>una chica</u> <u>inteligente</u>.
       1   2   3   4   1   2   3   4

A. Look at the following groups of words. Write a number from **1** to **4** below each word according to what kind of word it is. Follow the model and use the examples above.

- Write **1** for subject nouns.
- Write **2** for verbs.
- Write **3** for indefinite articles and nouns.
- Write **4** for adjectives.

Modelo   es / Diego / talentoso / un estudiante
                 2   1   4   3

1. seria / Olga / una estudiante / es
2. un amigo / es / bueno / Guillermo
3. Javier / un estudiante / es / trabajador
4. es / Concha / simpática / una chica
5. es / una estudiante / Ana / inteligente
6. Manuel / es / atrevido / un chico

B. Now, write the complete sentence for each example from **part A** by putting the words in order by the numbers you added, going from 1 to 4. Follow the model.

Modelo   *Diego es un estudiante talentoso.*

1. _____
2. _____
3. _____
4. _____
5. _____
6. _____

Capítulo 1B

Nombre _____ Hora _____

Fecha _____

Guided Practice Activities **1B-5**

Lectura: Un *self-quiz* (p. 64–65)

A. You have seen many cognates used in your textbook. Cognates are related words in different languages; for example, the word **profesor** in Spanish is a *professor* or *teacher* in English. Cognates occur in your vocabulary lists and in readings. Look at the cognates below and write the English word for each on the line provided. Follow the model.

Modelo   bicicleta   _bicycle_

1. computadora _____
2. básquetbol _____
3. la tele _____
4. los colores _____
5. verbo _____
6. usar _____
7. organizar _____
8. estudiar _____

B. Now, read the following section from your textbook. You will find even more cognates in this reading. Find the Spanish word that corresponds to each English word below. Write the Spanish word on the lines provided.

¡Los colores revelan tu personalidad!
¿Eres una chica? ¿Te gusta el verde? Eres una chica natural.
¿Eres una chica? ¿Te gusta el azul? Eres muy talentosa.
¿Eres una chica? ¿Te gusta el violeta? Eres muy independiente.

- personality _____
- natural _____
- talented _____
- independent _____
- violet _____

C. The reading in your textbook is a self-quiz that tells you information about your personality based on the colors you like and whether you are a boy or a girl. Based on the information given below and what you learned from the reading, circle if you are a boy or a girl. Then, write what color you like. Follow the model.

Modelo   Eres romántico. Eres (**un chico** / **una chica**). Te gusta _el violeta_.

1. Eres atrevido. Eres (**un chico** / **una chica**). Te gusta _____.
2. Eres muy talentosa. Eres (**un chico** / **una chica**). Te gusta _____.
3. Eres artística. Eres (**un chico** / **una chica**). Te gusta _____.

Capítulo 1B

Nombre _____ Hora _____

Fecha _____

Guided Practice Activities 1B-6

Presentación escrita (p. 67)

Task: Write an e-mail in which you introduce yourself to a prospective pen pal.

① Prewrite. In order to introduce yourself to a new friend, you need to first organize what you are going to include. Fill in the form below with your personal information.

Me llamo _____.

Soy (*use adjectives to describe yourself*) _____
_____.

Me gusta _____.

No me gusta _____.

② Draft. Read the following e-mail that another student has written. You should use this to guide you in drafting your own e-mail.

> ¡Hola! Me llamo Pilar. Soy una chica artística y muy independiente. Me gusta mucho dibujar y usar la computadora, pero me gusta más bailar. Me gusta la música salsa. No me gusta nada practicar deportes. ¿Cómo eres tú? Escríbeme pronto.

Now, create an e-mail similar to the one above writing in your information from **part 1**.

¡Hola! Me llamo _____. Soy (**un chico** / **una chica**) _____
_____ y _____. Me gusta mucho _____
_____, pero me gusta más _____.
Me gusta _____. No me gusta _____.
¿Cómo eres tú? Escríbeme pronto.

③ Revise. Exchange papers with another student in your class. Use the following checklist to review your partner's e-mail and also when you rewrite yours. If you need help figuring out what is correct, use the model from the **Prewrite** section above.

_____ Is there enough information provided for each question in the prewrite stage?
- stated his/her name
- described himself/herself
- said what he/she likes to do
- said what he/she doesn't like to do

_____ Is the spelling correct? (Use a dictionary if you are not sure.)

_____ Are the adjectives in the correct form? (Think, is the student male or female?)

_____ Is there an opening and a closing?

④ Publish. Write your revised e-mail on a separate sheet of paper. Your teacher may ask you to type the e-mail and send it to a prospective pen pal.

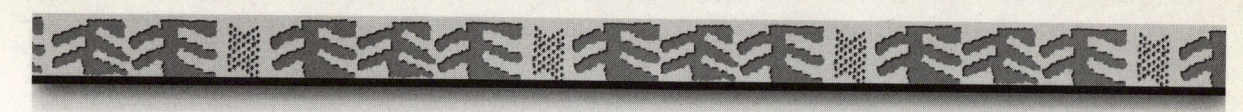

Nombre _____ Hora _____

Capítulo 2A Fecha _____ **Vocabulary Flash Cards, Sheet 1**

Write the Spanish vocabulary word below each picture. If there is a word or phrase, copy it in the space provided. Be sure to include the article for each noun.

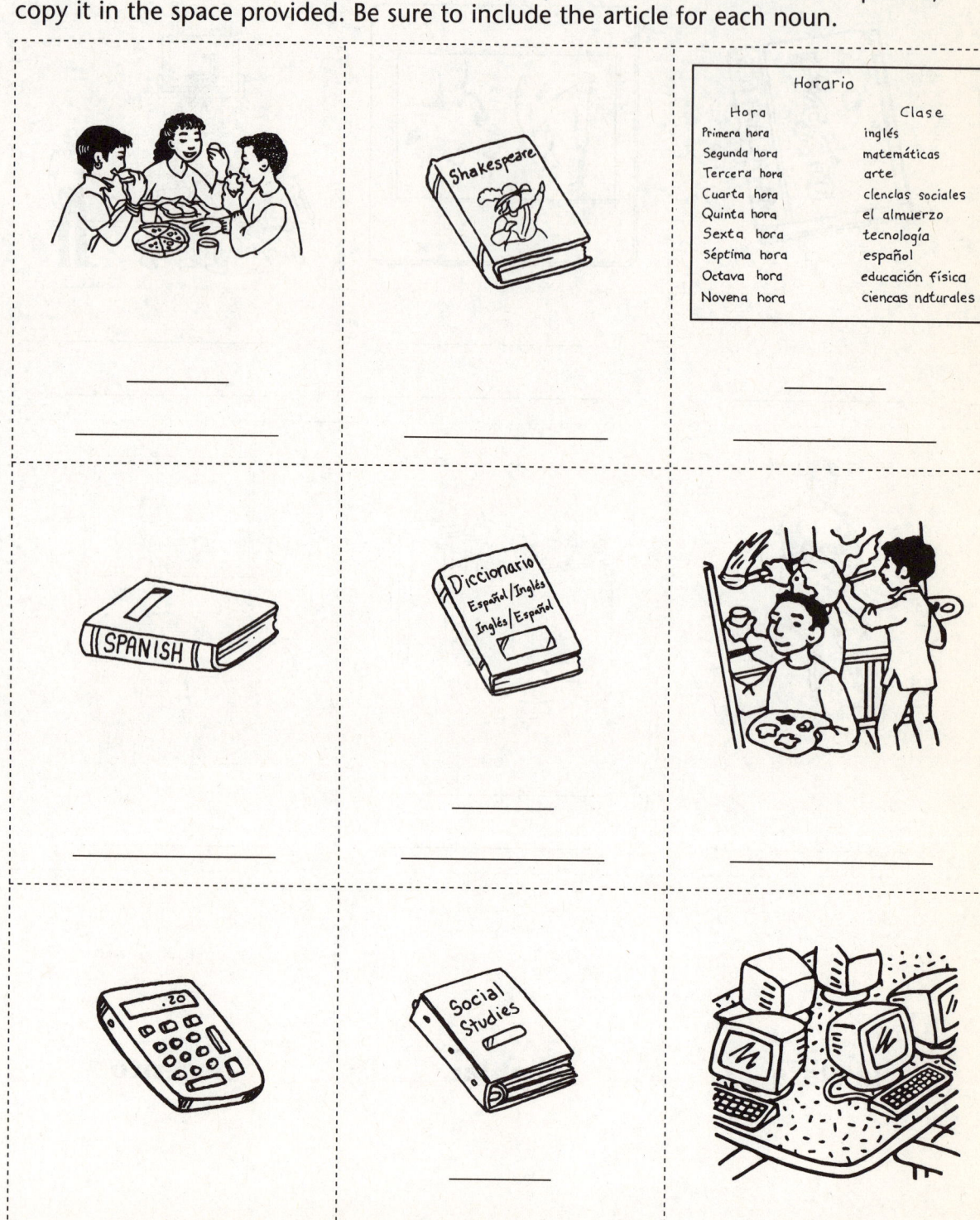

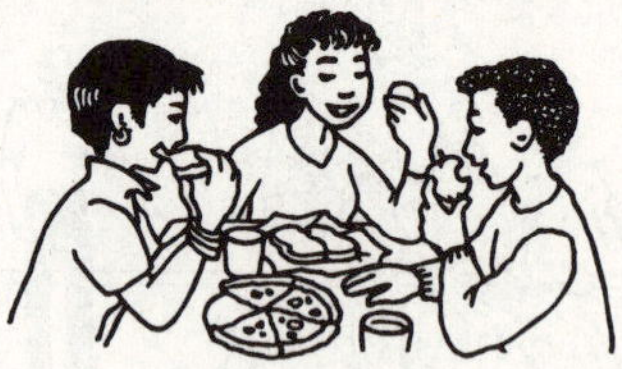

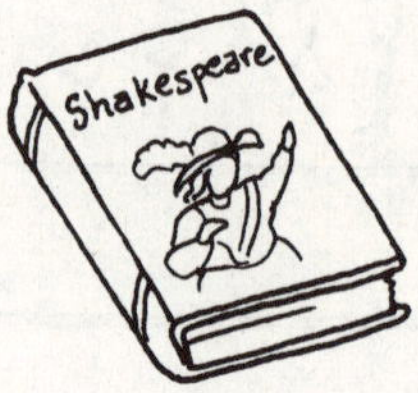

Horario	
Hora	Clase
Primera hora	inglés
Segunda hora	matemáticas
Tercera hora	arte
Cuarta hora	ciencias sociales
Quinta hora	el almuerzo
Sexta hora	tecnología
Séptima hora	español
Octava hora	educación física
Novena hora	ciencias naturales

Guided Practice Activities — *Vocabulary Flash Cards 2A* **53**

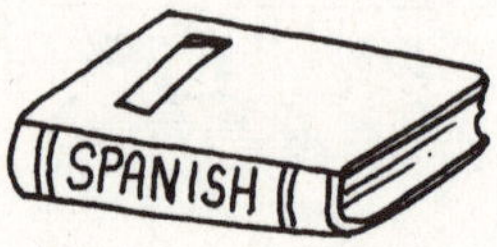

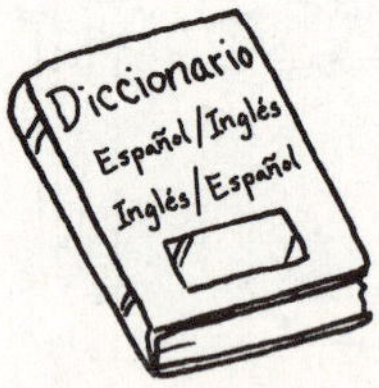

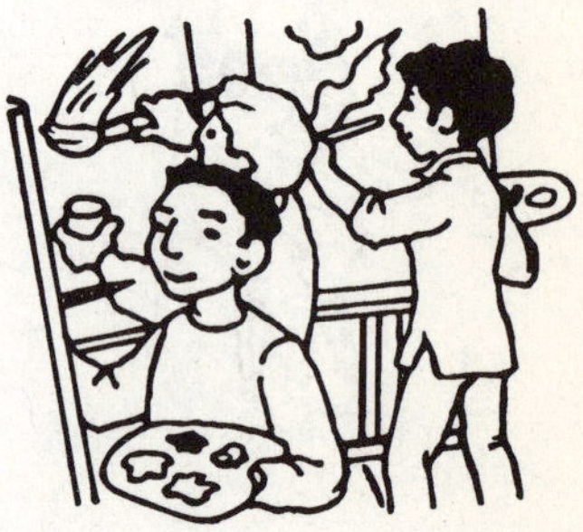

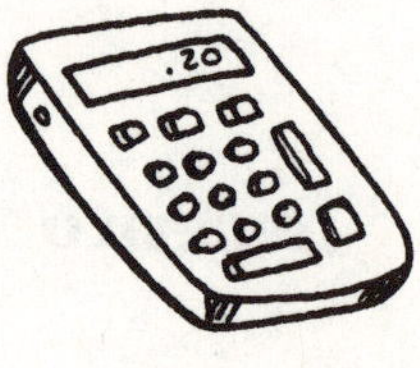

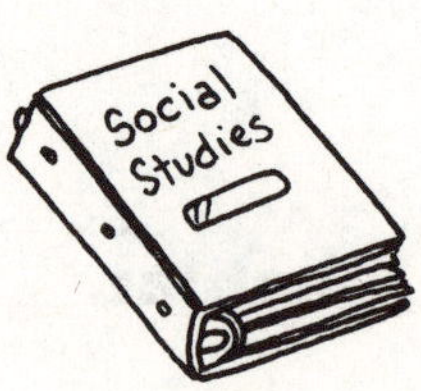

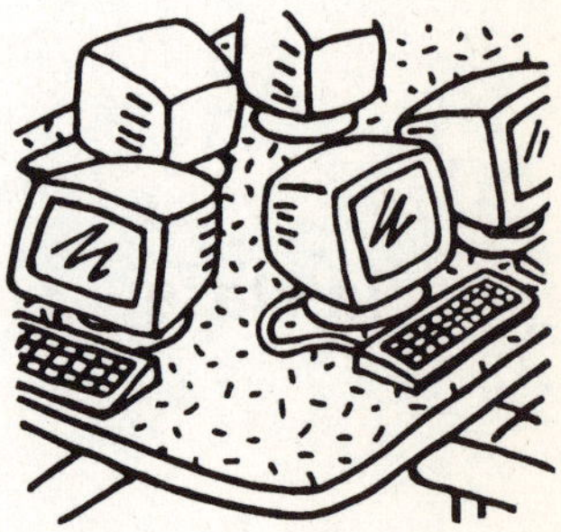

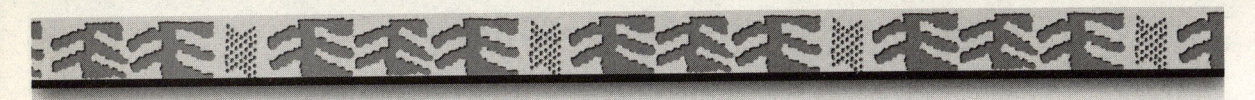

Capítulo 2A

Vocabulary Flash Cards, Sheet 2

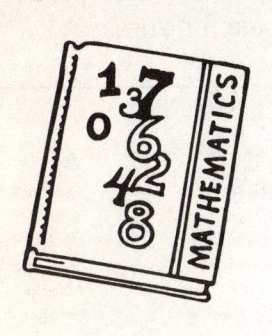

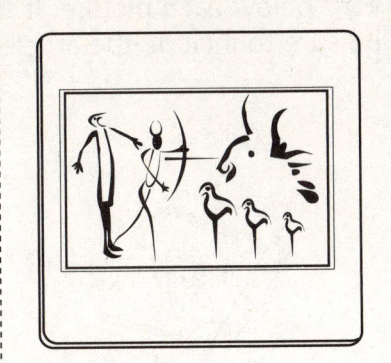

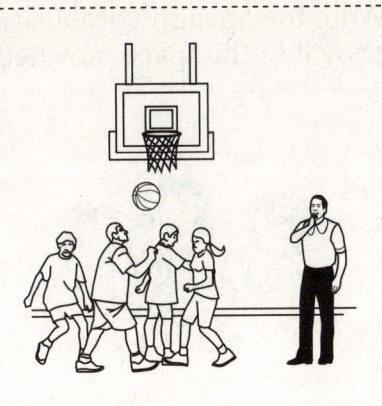

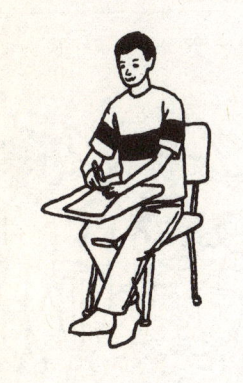

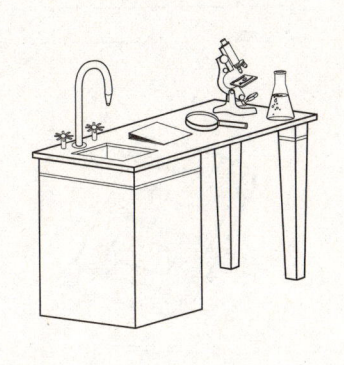

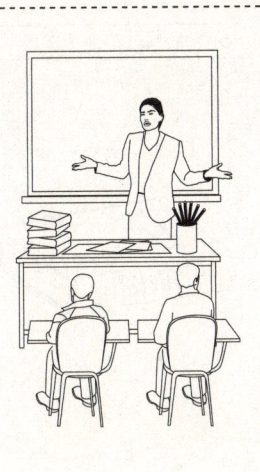

la clase

hablar

necesito

Capítulo 2A

Vocabulary Flash Cards, Sheet 3

en la … hora	primero, primera	segundo, segunda
_____ _____	_____, _____	_____, _____
tercero, tercera	cuarto, cuarta	quinto, quinta
_____, _____	_____, _____	_____, _____
sexto, sexta	séptimo, séptima	octavo, octava
_____, _____	_____, _____	_____, _____

Capítulo 2A

Vocabulary Flash Cards, Sheet 4

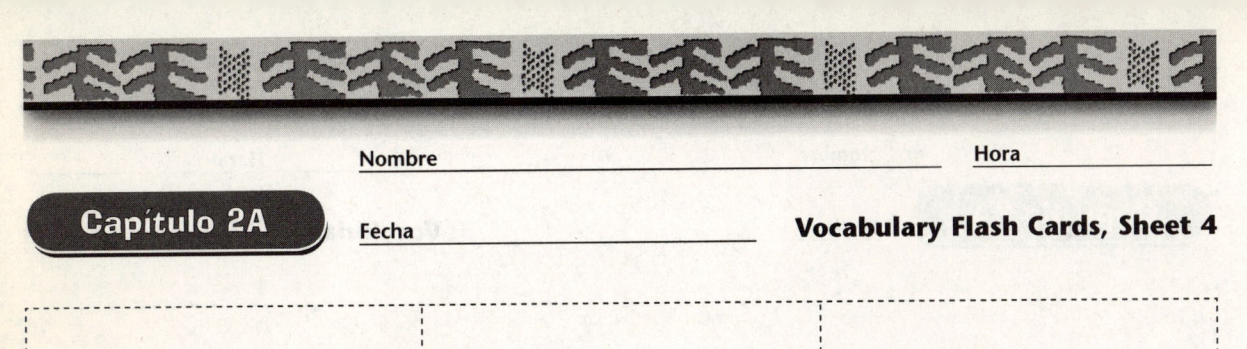

noveno, novena	décimo, décima	aburrido, aburrida
difícil	divertido, divertida	fácil
favorito, favorita	interesante	práctico, práctica

Capítulo 2A

Nombre _____ Hora _____

Fecha _____ **Vocabulary Flash Cards, Sheet 5**

más... que	a ver...	¿Quién?
..._____	_____	_____
_____	_____	_____

para	mucho	la tarea
_____	_____	_____

la clase de...	necesitas	(yo) tengo
_____	_____	_____
_____	_____	_____

Guided Practice Activities — *Vocabulary Flash Cards 2A* **57**

Capítulo 2A

Nombre

Hora

Fecha

Vocabulary Flash Cards, Sheet 6

(tú) tienes

58 Guided Practice Activities — Vocabulary Flash Cards 2A

Capítulo 2A — Nombre / Fecha / Hora

Vocabulary Check, Sheet 1

Tear out this page. Write the English words on the lines. Fold the paper along the dotted line to see the correct answers so you can check your work.

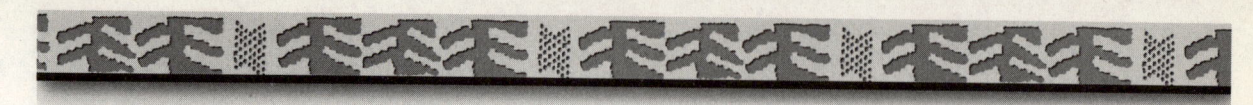

el almuerzo _____

la clase _____

arte _____

español _____

ciencias naturales _____

ciencias sociales _____

educación física _____

inglés _____

matemáticas _____

tecnología _____

el horario _____

la tarea _____

enseñar _____

estudiar _____

hablar _____

primero, primera _____

segundo, segunda _____

Fold In

Nombre _____ Hora _____

Capítulo 2A   Fecha _____   **Vocabulary Check, Sheet 2**

Tear out this page. Write the Spanish words on the lines. Fold the paper along the dotted line to see the correct answers so you can check your work.

lunch _____

class _____

art _____

Spanish _____

science _____

social studies _____

physical education _____

English _____

mathematics _____

technology/computers _____

schedule _____

homework _____

to teach _____

to study _____

to talk _____

first _____

second _____

Fold In →

60 Guided Practice Activities — Vocabulary Check 2A

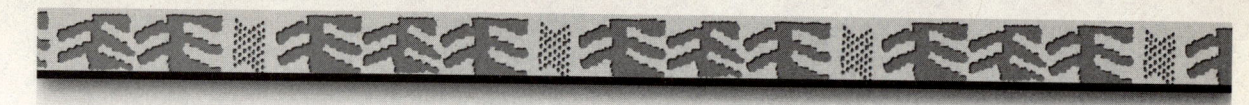

Capítulo 2A

Nombre _____ Hora _____

Fecha _____

Vocabulary Check, Sheet 3

Tear out this page. Write the English words on the lines. Fold the paper along the dotted line to see the correct answers so you can check your work.

tercero, tercera _____

cuarto, cuarta _____

quinto, quinta _____

sexto, sexta _____

séptimo, séptima _____

octavo, octava _____

noveno, novena _____

décimo, décima _____

la calculadora _____

la carpeta de argollas _____

el diccionario _____

aburrido, aburrida _____

difícil _____

fácil _____

Fold In

Guided Practice Activities — Vocabulary Check 2A **61**

Nombre _____ **Hora** _____

Capítulo 2A **Fecha** _____ **Vocabulary Check, Sheet 4**

Tear out this page. Write the Spanish words on the lines. Fold the paper along the dotted line to see the correct answers so you can check your work.

third _____

fourth _____

fifth _____

sixth _____

seventh _____

eighth _____

ninth _____

tenth _____

calculator _____

three-ring binder _____

dictionary _____

boring _____

difficult _____

easy _____

Fold In

62 *Guided Practice Activities* — *Vocabulary Check 2A*

Capítulo 2A

Nombre _____   Hora _____
Fecha _____

Guided Practice Activities 2A-1

Subject pronouns (p. 82)

- The subject of the sentence tells who is doing the action. It is often a name:
  <u>Ana</u> canta.
- Subject pronouns replace people's names to say who is doing an action:
  <u>Ella</u> canta. <u>Tú</u> bailas.
- Here are the Spanish subject pronouns:

Singular	Plural
yo (I)	**nosotros** (we, *masculine or mixed*)
tú (you, *familiar*)	**nosotras** (we, *feminine*)
usted (you, *formal*)	**vosotros** (you, *familiar plural, masculine or mixed*)
él (he)	**vosotras** (you, *familiar plural, feminine*)
ella (she)	**ustedes** (you, *formal plural*)
	ellos (they, *masculine or mixed*)
	ellas (they, *feminine*)

- **Vosotros** and **vosotras** are primarily used in Spain.
- **Usted** and **ustedes** are formal forms that are used with people you address with a title, such as **señor** and **doctor**.
- In Latin America, **ustedes** is also used when addressing two or more people you call **tú** individually.

A. Write the twelve subject pronouns listed above in the correct category of the chart. Follow the model.

Singular			Plural		
Masculine only	Feminine only	Masculine or feminine	Masculine or mixed	Feminine only	Masculine or feminine
él					

B. Look at the English subject pronouns below. Use the list above to help you circle the Spanish subject pronoun that corresponds to the English pronoun.

1. *I* (**él** / **yo**)
2. *we* (**nosotros** / **vosotros**)
3. *you* (**ella** / **usted**)
4. *they* (**ellos** / **ustedes**)
5. *he* (**tú** / **él**)
6. *we* (**usted** / **nosotras**)
7. *you* (**nosotras** / **tú**)
8. *you* (**ellas** / **ustedes**)
9. *she* (**él** / **ella**)
10. *they* (**nosotras** / **ellas**)

Capítulo 2A

Nombre _____ Hora _____

Fecha _____

Guided Practice Activities 2A-2

Subject pronouns (continued)

C. Circle the subject pronoun that is best associated with each group of names.

1. Susana, Luisa, Marta: (**ellos** / **ellas**)
2. Pablo: (**él** / **ella**)
3. el señor Rivas: (**tú** / **usted**)
4. la señora Rivas: (**tú** / **usted**)
5. Alberto y tú: (**ustedes** / **nosotros**)
6. Sandra y ella: (**ellos** / **ellas**)
7. Marcos y María: (**ellos** / **ellas**)
8. el señor Rodríguez y la señora Rodríguez: (**ustedes** / **vosotros**)
9. Teresa: (**él** / **ella**)
10. Martín y Roberto: (**ellos** / **ellas**)

D. Look at the following drawings and answer the questions using subject pronouns. Follow the model.

Modelo ¿Quién es? Es _____él_____.

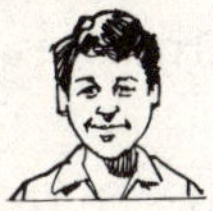

1. ¿Quién es? Es _____.

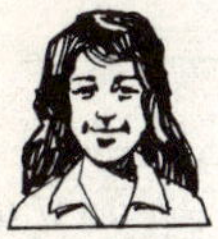

2. ¿Quiénes son? Son _____.

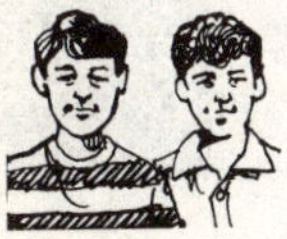

3. ¿Quién es? Es _____.

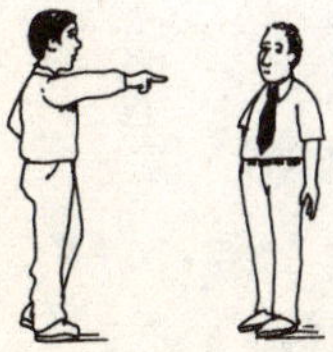

4. ¿Quién soy? Soy _____.

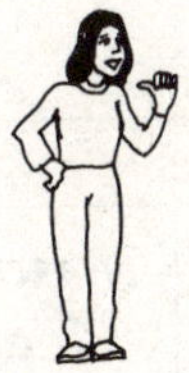

5. ¿Quiénes son? Somos _____.

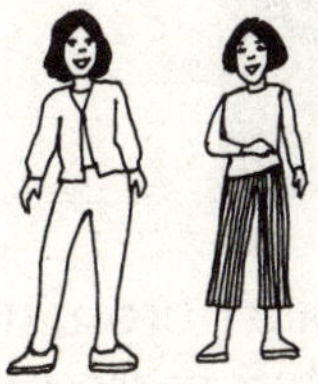

64 Guided Practice Activities — 2A-2

Capítulo 2A

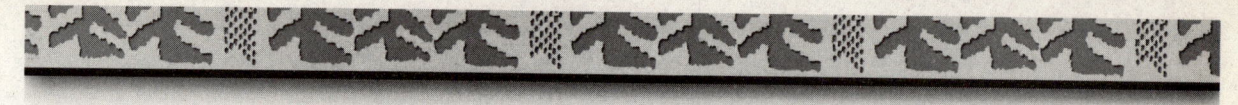

Nombre _____ Hora _____

Fecha _____

Guided Practice Activities 2A-3

Present tense of -*ar* verbs (p. 84)

- An infinitive is the most basic form of a verb. In English, infinitives have the word "to" in front of them (to talk). In Spanish, infinitives end in -**ar**, -**er**, or -**ir**.
- The largest number of Spanish infinitives end in -**ar**: **hablar**, **cantar**, etc.
- To create the present tense of most of these verbs, drop the -**ar** from the stem: **habl-**, **cant-**, etc.
- Add the verb endings:

yo: add -**o**: **hablo**	nosotros/nosotras: add -**amos**: hablamos
tú: add -**as**: **hablas**	vosotros/vosotras: add -**áis**: habláis
usted/él/ella: add -**a**: **habla**	ustedes/ellos/ellas: add -**an**: hablan

A. Look at each verb form. Circle the ending. Follow the model.

Modelo estudi(a)

1. hablas
2. nado
3. canta
4. tocamos
5. trabajas
6. patinamos
7. dibujan
8. bailo
9. pasan
10. escucha

B. Now, look at the same list of verb forms from **part A** and circle the subject pronoun that matches each verb.

1. (usted / tú) hablas
2. (yo / ella) nado
3. (usted / yo) canta
4. (nosotros / vosotros) tocamos
5. (tú / usted) trabajas
6. (ellos / nosotras) patinamos
7. (ustedes / nosotros) dibujan
8. (yo / él) bailo
9. (ellas / usted) pasan
10. (ella / ustedes) escucha

Nombre _____ Hora _____

Capítulo 2A   Fecha _____   **Guided Practice Activities 2A-4**

Present tense of -ar verbs (continued)

C. Complete each sentence by writing the correct -ar verb ending on the line provided. Follow the model.

Modelo Ellas mont**an** en bicicleta.

1. Marta trabaj_____.
2. Yo cant_____.
3. Tú esquí_____.
4. Ellos patin_____.
5. Nosotros bail_____.

D. Now, complete each sentence with the correct verb form of the infinitive in parentheses. Follow the model.

Modelo Tú (nadar) _nadas_.

1. Yo (bailar) _____.
2. Ella (cantar) _____.
3. Nosotros (trabajar) _____.
4. Ustedes (patinar) _____.
5. Ellos (esquiar) _____.
6. Tú (nadar) _____.
7. Él (dibujar) _____.
8. Ellas (usar) _____ la computadora.

E. Create complete sentences using the subject pronoun provided. Follow the model.

Modelo tú /   _Tú dibujas._

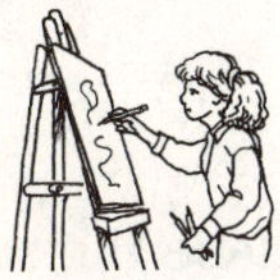

1. él /   _____
2. nosotros /   _____ 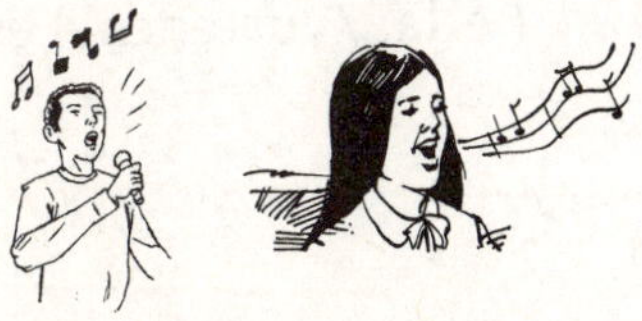
3. ellos /   _____
4. yo /   _____

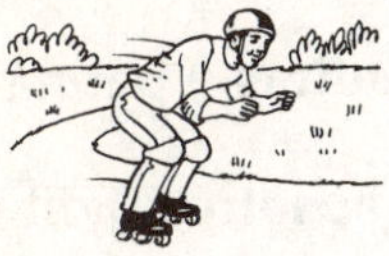

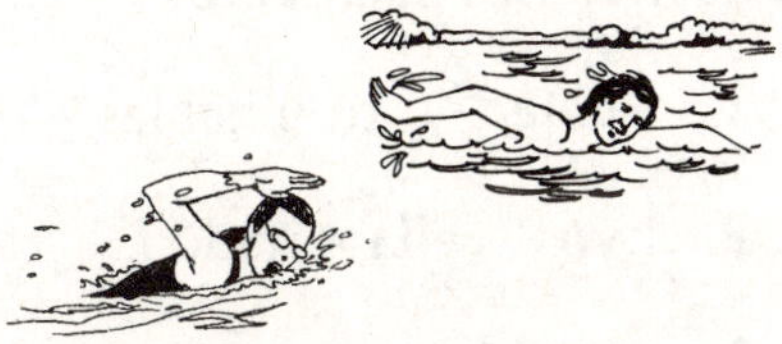

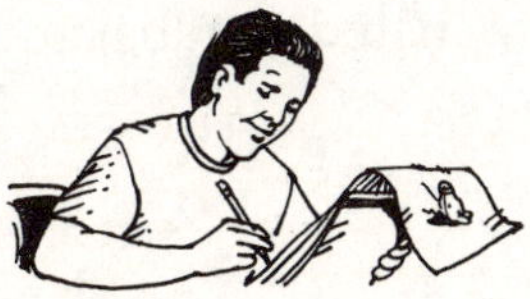

66 Guided Practice Activities — 2A-4

Nombre _____ Hora _____

Capítulo 2A Fecha _____ **Guided Practice Activities** 2A-5

Lectura: La Escuela Español Vivo (pp. 90–91)

A. The reading in your textbook is a brochure for a school called **Español Vivo**. The following is an excerpt from that reading. Read and answer the questions that follow.

> Es verano, el mes de junio. Eres estudiante en Santa Ana, un pueblo en las montañas de Costa Rica.

1. Underline the season and month in the paragraph above.
2. Circle the town and country where the school is located.
3. What does the word **montañas** mean? _____

B. Here is another excerpt from that same reading. Read and answer the questions below.

> Hay cinco estudiantes en tu clase. Uds. escuchan, hablan y practican el español todo el día. También usan la computadora.

1. How many students are in the class? _____
2. Circle the four activities from the reading that students do in class (just circle the verbs).
3. How many of the verbs that you circled in number 2 go with the word **el español**? _____ Which ones? _____

C. Look at the reading on the top of the second page in your textbook.

1. Circle the one activity listed below that is NOT something you can do on the weekends in Costa Rica.

    a. visitar un volcán
    b. visitar un parque nacional
    c. nadar en el mar Mediterráneo
    d. nadar en el océano Pacífico

2. There are many cognates in the four examples above. Write the Spanish word or words, choosing from examples **a** through **d**, that go with the English words below.

    - visit _____
    - volcano _____
    - national park _____
    - Mediterranean _____
    - Pacific Ocean _____

D. Look at the schedule for the school day in the **Español Vivo** school. Answer the questions that follow.

Hora	lunes a viernes
08:00–10:30	Clases de español
10:30–11:00	Recreo
11:00–13:00	Clases de español
13:00–14:00	Almuerzo
14:00–15:30	Conversaciones
15:30–16:30	Clase de música y baile

1. At what times do the students go to classes?
    at _____, _____, and _____
2. When do students have conversations? at _____
3. Since there is no A.M. or P.M., how do you know when the clock goes over to afternoon hours? _____

Guided Practice Activities — 2A-5 **67**

Capítulo 2A Fecha _____   **Guided Practice Activities 2A-6**

Nombre _____   Hora _____

Presentación oral (p. 93)

Task: Imagine that a student from Costa Rica has just arrived at your school. Tell the student about some of your classes.

A. Fill in the chart below with information on three of your classes. Follow the model.

Hora	Clase	Comentarios	Profesor(a)
primera	la clase de arte	me gusta dibujar	el Sr. Gómez

B. Before writing up your own presentation, read the following sample. Read it out loud the second time through to get an idea of how long it will take you to do your presentation.

> En la primera hora tengo la clase de arte. Me gusta dibujar. La clase es mi favorita. El Sr. Gómez es el profesor.

When speaking, remember to do the following:

_____ speak clearly

_____ use complete sentences

_____ read all information

C. Now, fill in the paragraph below with information about one of your classes.

En la _____ hora tengo la clase de _____.

Me gusta _____. La clase es _____.

_____ es el (la) profesor(a).

D. When the teacher asks you to present your work, you will describe the one class as you see it in **part C**. Your teacher will be grading you on:

- how complete your preparation is
- how much information you communicate
- how easy it is to understand you.

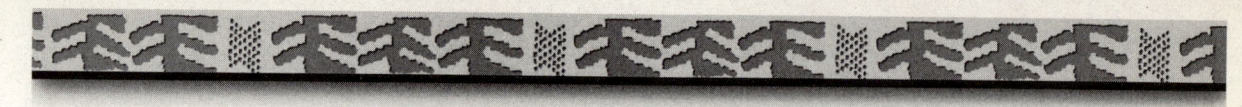

Nombre _____   Hora _____

Capítulo 2B   Fecha _____   **Vocabulary Flash Cards, Sheet 1**

Write the Spanish vocabulary word below each picture. If there is a word or phrase, copy it in the space provided. Be sure to include the article for each noun.

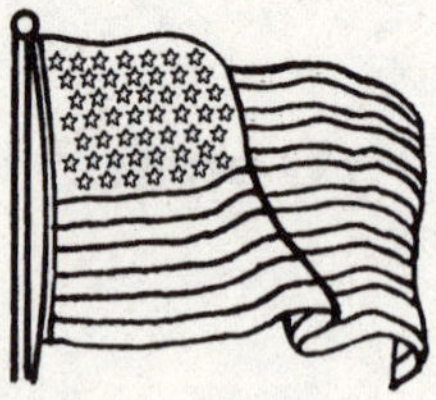

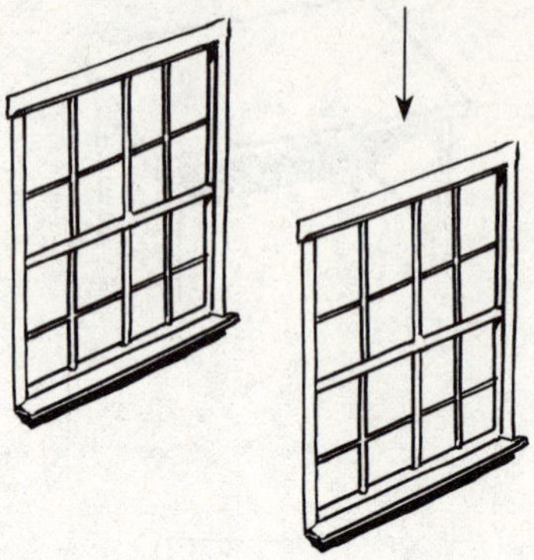

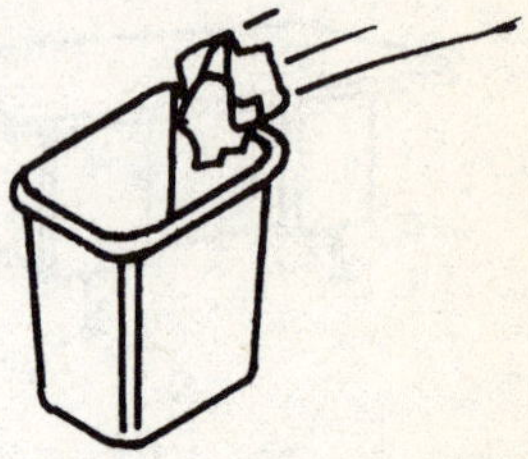

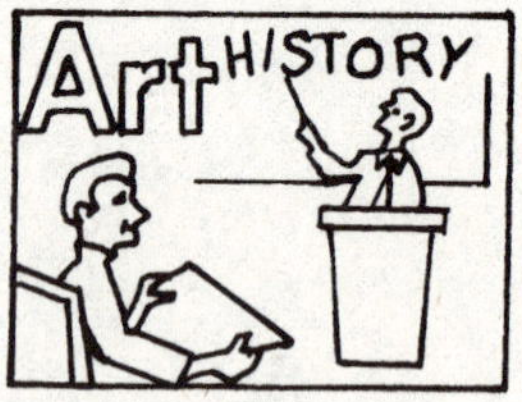

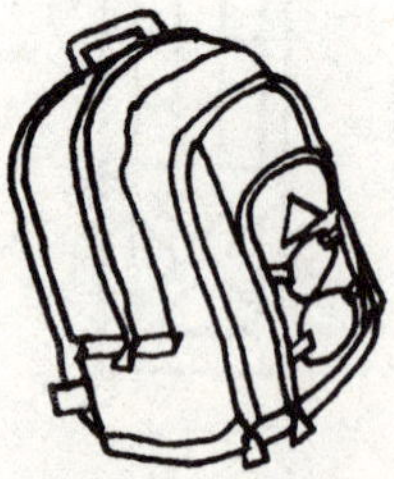

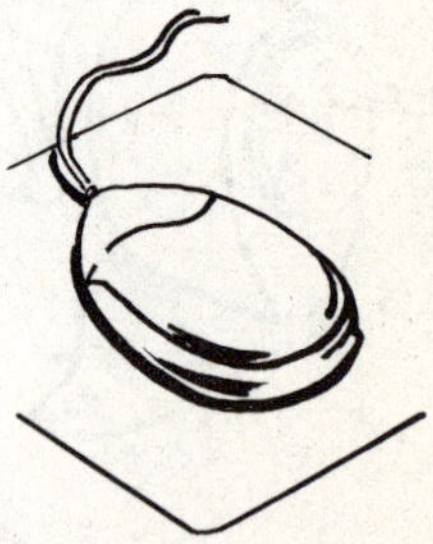

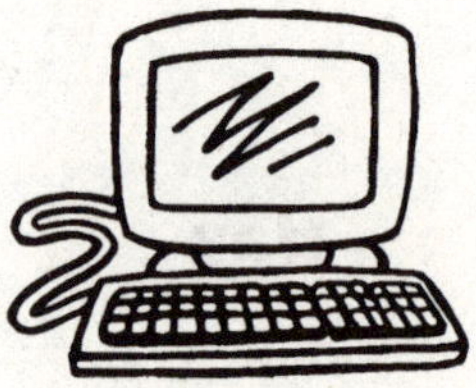

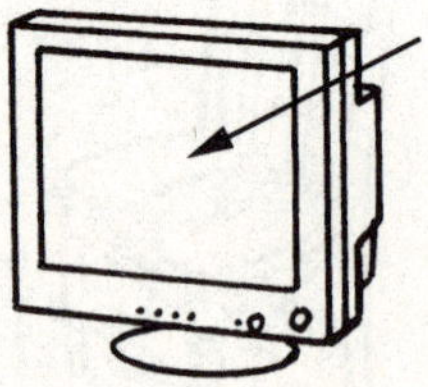

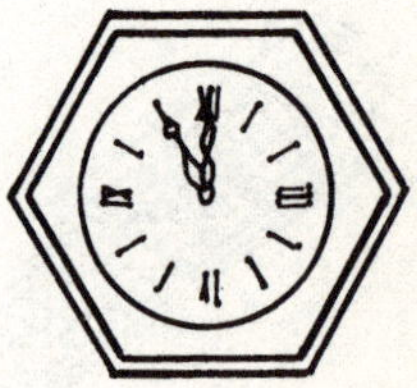

Guided Practice Activities — *Vocabulary Flash Cards 2B* **69**

Capítulo 2B

Nombre _____ Hora _____

Fecha _____ **Vocabulary Flash Cards, Sheet 2**

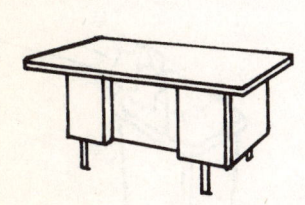

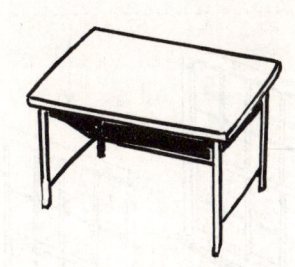

¿Dónde?

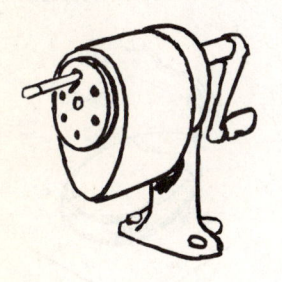

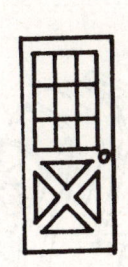

de

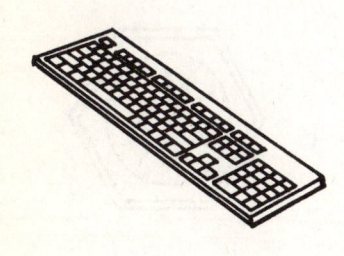

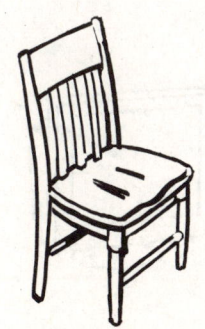

Hay

70 Guided Practice Activities — Vocabulary Flash Cards 2B

Capítulo 2B

Nombre

Hora

Fecha

Vocabulary Flash Cards, Sheet 3

al lado de	detrás de	allí
debajo de	encima de	aquí
delante de	en	unos, unas

Guided Practice Activities — Vocabulary Flash Cards 2B 71

Capítulo 2B

Nombre

Hora

Fecha

Vocabulary Flash Cards, Sheet 4

mi

tu

Es un(a)…

¿Qué es esto?

los,
las

72 Guided Practice Activities — Vocabulary Flash Cards 2B

Capítulo 2B

Nombre _____

Hora _____

Fecha _____

Vocabulary Check, Sheet 1

Tear out this page. Write the English words on the lines. Fold the paper along the dotted line to see the correct answers so you can check your work.

la bandera _____

el cartel _____

la computadora _____

la mochila _____

_____

la pantalla _____

la papelera _____

_____

el ratón _____

el reloj _____

el sacapuntas _____

_____

el teclado _____

el escritorio _____

la mesa _____

la silla _____

la puerta _____

Fold In

© Pearson Education, Inc. All rights reserved.

Guided Practice Activities ➡ *Vocabulary Check 2B* **73**

Capítulo 2B

Nombre _____

Hora _____

Fecha _____

Vocabulary Check, Sheet 2

Tear out this page. Write the Spanish words on the lines. Fold the paper along the dotted line to see the correct answers so you can check your work.

flag _____

poster _____

computer _____

bookbag, backpack _____

(computer) screen _____

wastepaper basket _____

(computer) mouse _____

clock _____

pencil sharpener _____

(computer) keyboard _____

desk _____

table _____

chair _____

door _____

Fold In

© Pearson Education, Inc. All rights reserved.

74 *Guided Practice Activities* ▬ *Vocabulary Check 2B*

Nombre _____

Hora _____

Capítulo 2B

Fecha _____

Vocabulary Check, Sheet 3

Tear out this page. Write the English words on the lines. Fold the paper along the dotted line to see the correct answers so you can check your work.

la ventana _____

al lado de _____

allí _____

aquí _____

debajo de _____

delante de _____

detrás de _____

¿Dónde? _____

en _____

encima de _____

Hay _____

Fold In

Guided Practice Activities ● *Vocabulary Check 2B* **75**

Capítulo 2B

Nombre _____ Hora _____

Fecha _____ **Vocabulary Check, Sheet 4**

Tear out this page. Write the Spanish words on the lines. Fold the paper along the dotted line to see the correct answers so you can check your work.

window _____

next to _____

there _____

here _____

underneath _____

in front of _____

behind _____

Where? _____

in, on _____

on top of _____

There is, There are _____

Fold In

© Pearson Education, Inc. All rights reserved.

76 *Guided Practice Activities* — *Vocabulary Check 2B*

Nombre _____ Hora _____

Capítulo 2B

Fecha _____

Guided Practice Activities 2B-1

The verb *estar* (p. 107)

- Irregular verbs do not follow the same pattern as regular verbs.
- **Estar** (*to be*) is irregular. Its **yo** form (**estoy**) is different from the regular **-ar yo** form. Its **tú**, **usted/él/ella**, and **ustedes/ellos/ellas** forms are different because they have an accent on the **a**: **estás, está, están**.
- Here are the forms of **estar**:

yo	**estoy**	nosotros/nosotras	**estamos**
tú	**estás**	vosotros/vosotras	**estáis**
usted/él/ella	**está**	ustedes/ellos/ellas	**están**

- **Estar** is used to tell how someone feels or to give a location.

A. Circle the ending of each form of **estar**.

1. yo estoy
2. tú estás
3. Ud. está

4. nosotras estamos
5. ellos están

B. Now, complete each sentence by writing in the correct ending for the correct form of **estar**.

1. Tú est_____ en la clase de arte.

2. Ellos est_____ en la clase de ciencias.

3. Nosotros est_____ en la clase de español.

4. Yo est_____ en la clase de matemáticas.

5. Él est_____ en la clase de literatura.

6. Usted est_____ en la oficina.

7. Ustedes est_____ en la sala de clase.

8. Nosotras est_____ en la clase de tecnología.

C. Complete each sentence with the correct form of **estar**.

1. Yo _____ bien.

2. Tú _____ muy bien.

3. Ella _____ regular.

4. Nosotras _____ bien.

5. Usted _____ regular.

6. Ellos _____ bien.

7. Él _____ regular.

8. Ustedes _____ bien.

© Pearson Education, Inc. All rights reserved.

Guided Practice Activities — 2B-1   **77**

| Nombre | Hora |

Capítulo 2B Fecha **Guided Practice Activities 2B-2**

The verb *estar* (continued)

D. Complete the conversation with correct forms of **estar**.

LUISA: ¡Buenos días! ¿Cómo _____ ustedes?

ANA E INÉS: Nosotras _____ bien. ¿Y tú? ¿Cómo _____?

LUISA: Yo _____ muy bien. ¿Dónde _____ Marcos y Marta?

ANA: Marcos _____ en la clase de español. Marta _____ en la clase de matemáticas.

E. Create complete sentences with **estar**. Follow the model.

Modelo   usted / estar / en la clase de matemáticas

Usted está en la clase de matemáticas _____.

1. tú / estar / en la clase de español

   _____.

2. ellas / estar / en la clase de arte

   _____.

3. nosotros / estar / en la clase de inglés

   _____.

4. usted / estar / en la clase de matemáticas

   _____.

5. yo / estar / en la clase de tecnología

   _____.

6. él / estar / en la clase de ciencias sociales

   _____.

78 *Guided Practice Activities* — 2B-2

© Pearson Education, Inc. All rights reserved.

Nombre		Hora

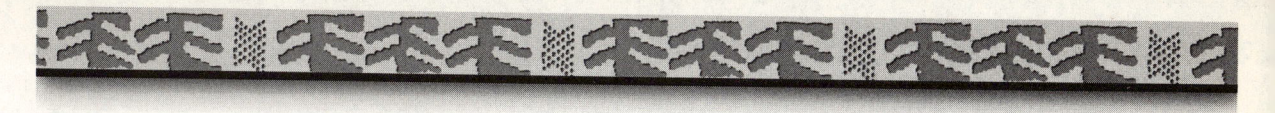

Capítulo 2B

Fecha

Guided Practice Activities 2B-3

The plurals of nouns and articles (p. 110)

Plural of nouns		Plural definite articles		Plural indefinite articles	
Ends in vowel	Ends in consonant	Masculine	Feminine	Masculine	Feminine
add -s: libros, sillas	add -es: relojes, carteles	**los** (*the*) los libros	**las** (*the*) las sillas	**unos** (*some, a few*) unos libros	**unas** (*some, a few*) unas sillas

- Nouns that end in **-z** change the **z** to **c** in the plural: **lápiz → lápices.**

A. Circle the ending of each noun. Is it a vowel or a consonant? Write **V** for vowel or **C** for consonant next to each word.

1. _____ cartel

2. _____ teclado

3. _____ mochila

4. _____ mes

5. _____ bandera

6. _____ reloj

7. _____ estudiante

8. _____ profesor

B. Now, look at the same words from **part A** and add the endings to make them plural.

1. cartel_____

2. teclado_____

3. mochila_____

4. mes_____

5. bandera_____

6. reloj_____

7. estudiante_____

8. profesor_____

C. Now, write the *complete* plural form of each word from **part B.**

1. cartel _____

2. teclado _____

3. mochila _____

4. mes _____

5. bandera _____

6. reloj _____

7. estudiante _____

8. profesor _____

© Pearson Education, Inc. All rights reserved.

Guided Practice Activities ▬ 2B-3 **79**

Nombre _____ **Hora** _____

Capítulo 2B **Fecha** _____ **Guided Practice Activities 2B-4**

The plurals of nouns and articles (*continued*)

D. Identify whether each of the words from **part C** are masculine or feminine.
Write **M** for masculine or **F** for feminine next to each word.

1. _____ cartel
2. _____ teclado
3. _____ mochila
4. _____ mes

5. _____ bandera
6. _____ reloj
7. _____ pupitre
8. _____ profesor

E. Now, look at the words from **part D** in the plural. Circle the correct definite article, masculine or feminine.

1. (**los** / **las**) carteles
2. (**los** / **las**) teclados
3. (**los** / **las**) mochilas
4. (**los** / **las**) meses

5. (**los** / **las**) banderas
6. (**los** / **las**) relojes
7. (**los** / **las**) pupitres
8. (**los** / **las**) profesores

F. Look at each noun below and write **los** or **las**, depending on whether the word is masculine or feminine.

1. _____ puertas
2. _____ ventanas
3. _____ horarios

4. _____ lápices
5. _____ ratones
6. _____ pantallas

G. Look at the words from **part E** again. This time, circle the correct indefinite article, masculine or feminine.

1. (**unos** / **unas**) carteles
2. (**unos** / **unas**) teclados
3. (**unos** / **unas**) mochilas
4. (**unos** / **unas**) meses

5. (**unos** / **unas**) banderas
6. (**unos** / **unas**) relojes
7. (**unos** / **unas**) pupitres
8. (**unos** / **unas**) profesores

H. Look at the nouns from **part F** again. Now, write **unos** or **unas**, depending on whether the word is masculine or feminine.

1. _____ puertas
2. _____ ventanas
3. _____ horarios

4. _____ lápices
5. _____ ratones
6. _____ pantallas

© Pearson Education, Inc. All rights reserved.

80 *Guided Practice Activities* ▬ *2B-4*

Nombre _____   Hora _____

Capítulo 2B

Fecha _____

Guided Practice Activities 2B-5

Lectura: El UNICEF y una convención para los niños (pp. 114–115)

A. The reading in your textbook talks about the organization UNICEF (United Nations International Children's Emergency Fund). You will see many cognates in the reading. Look through the reading and find the Spanish words that most closely resemble the ones below. Write the words in the spaces provided.

1. convention   _____
2. dignity   _____
3. nations   _____
4. protection   _____
5. special   _____

6. diet   _____
7. opinions   _____
8. community   _____
9. violence   _____
10. privilege   _____

B. Look at the first paragraph from the reading in your textbook. Write down three things that are said to be privileges for children.

1. _____
2. _____
3. _____

C. Read the following excerpt from your textbook and answer the questions that follow.

‖ *UNICEF...tiene siete oficinas regionales en diversas naciones y un Centro de Investigaciones en Italia.* ‖

1. Where does UNICEF have seven regional offices?

_____

2. Where is there a Center of Investigation for UNICEF?

_____

D. Look again at the bulleted list in your textbook and list five things in the spaces below that the convention said that all children need.

1. _____
2. _____
3. _____
4. _____
5. _____

Guided Practice Activities ▬ 2B-5   **81**

© Pearson Education, Inc. All rights reserved.

Nombre _____ Hora _____

Capítulo 2B   Fecha _____   **Guided Practice Activities 2B-6**

Presentación escrita (p. 117)

Task: Pretend you have a pen pal from Mexico who is coming to visit your school next semester. Write your pen pal a note describing your Spanish classroom.

❶ Prewrite.

A. On a separate sheet of paper draw a sketch of your Spanish classroom. You will use this as a reference when writing your note. Try to include four or five different items.

B. Label the items in your sketch using words from your vocabulary.

❷ Draft.

A. Read the sample note written by another student. Use this to guide your own writing.

> *En mi sala de clases hay cinco ventanas. Mi pupitre está al lado del escritorio del profesor. La puerta está detrás de mi pupitre. Hay una bandera encima de la mesa de computadoras.*

B. Look at the sample note again and list, in the spaces below, all of the classroom objects mentioned.

_____ _____ _____

_____ _____ _____

C. Compare the list of words in **part B** with the words you labeled in your sketch. This will help you get an idea of how similar your draft will be to the model. Create three sentences below filling in what items are in your classroom and where they are located.

1. Hay _____ .

2. _____ está _____ .

3. _____ está _____ .

❸ Revise. Read through your draft to see if it makes sense to you. Share your work with a partner who should check the following:

_____ Are the sentences easy to understand?

_____ Did you leave out anything from your drawing?

_____ Are there any spelling or grammar errors?

_____ If there are any problems with your draft, make a revised draft.

82 *Guided Practice Activities* — 2B-6

© Pearson Education, Inc. All rights reserved.

Capítulo 3A

Nombre _____

Hora _____

Fecha _____

Vocabulary Flash Cards, Sheet 1

Write the Spanish vocabulary word below each picture. If there is a word or phrase, copy it in the space provided. Be sure to include the article for each noun.

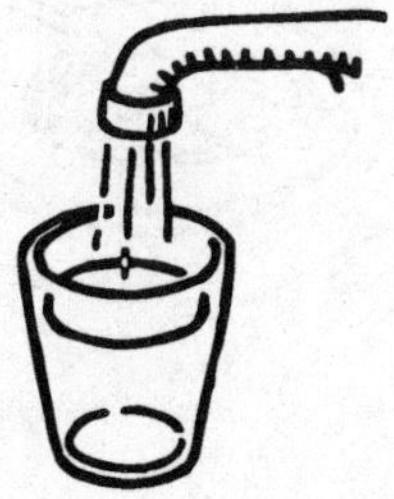

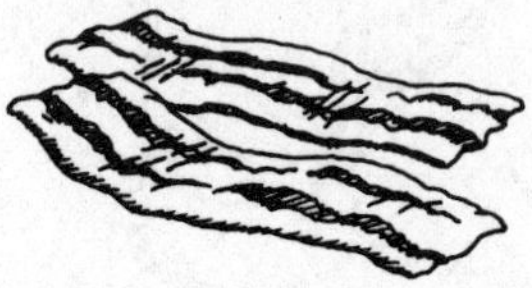

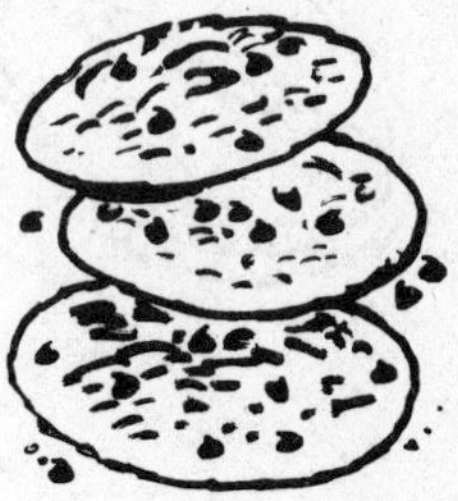

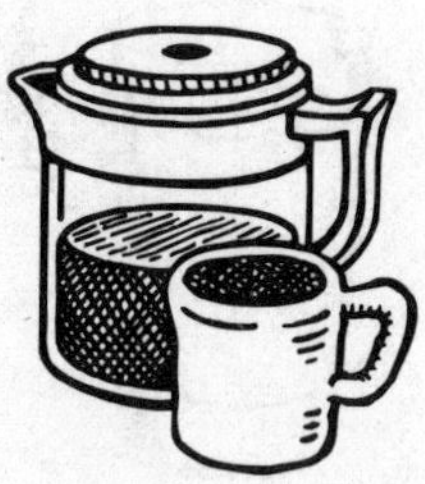

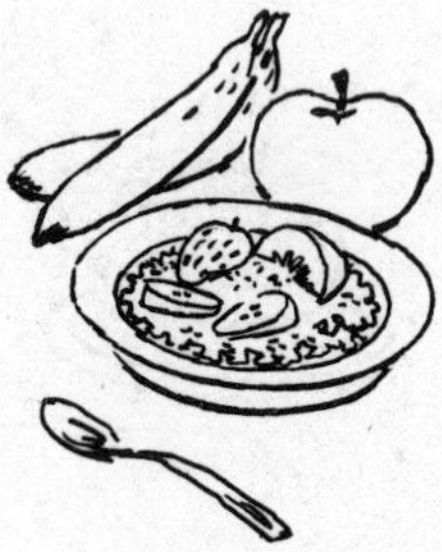

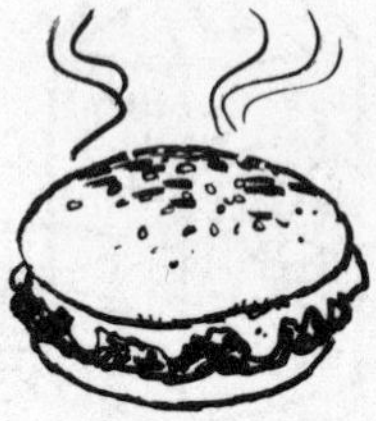

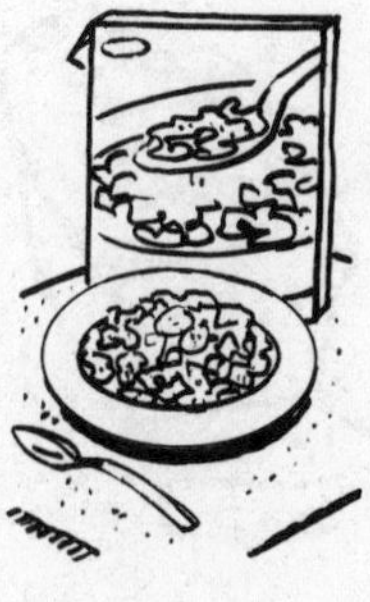

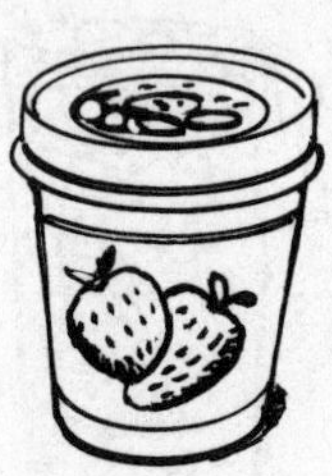

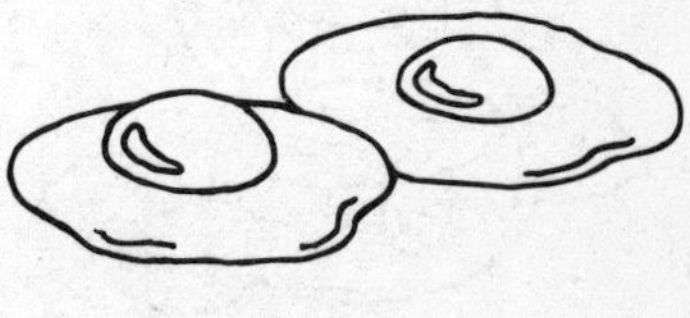

_____

_____

_____

_____

_____

_____

_____

_____

_____

© Pearson Education, Inc. All rights reserved.

Guided Practice Activities — *Vocabulary Flash Cards 3A* **83**

Capítulo 3A

Nombre _____ Hora _____

Fecha _____ **Vocabulary Flash Cards, Sheet 2**

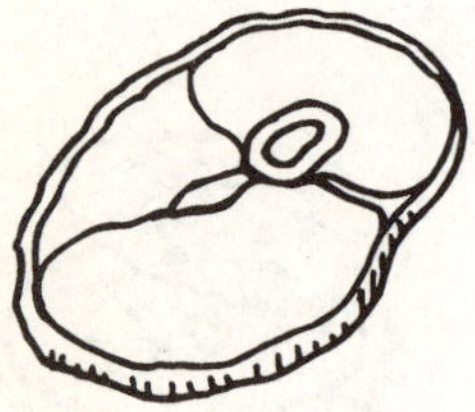

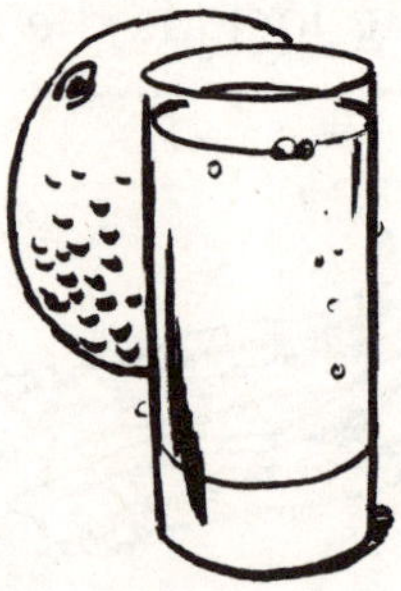

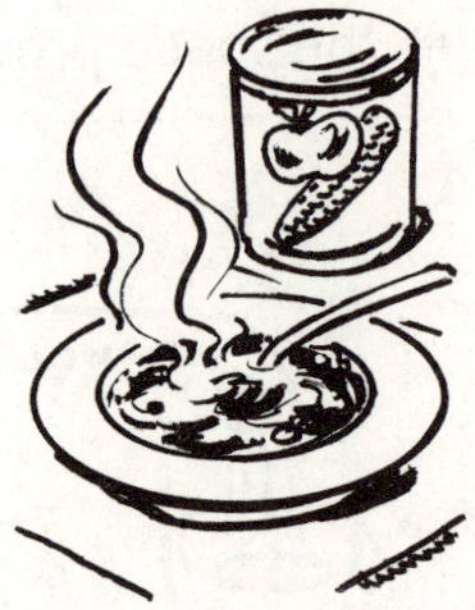

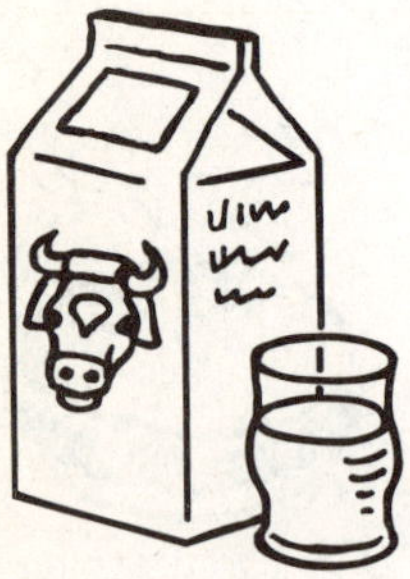

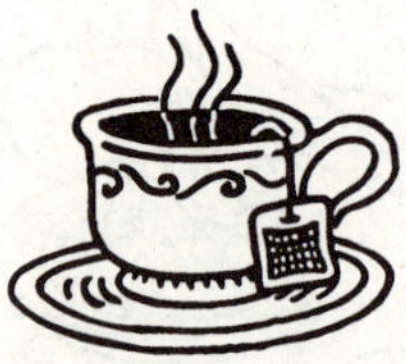

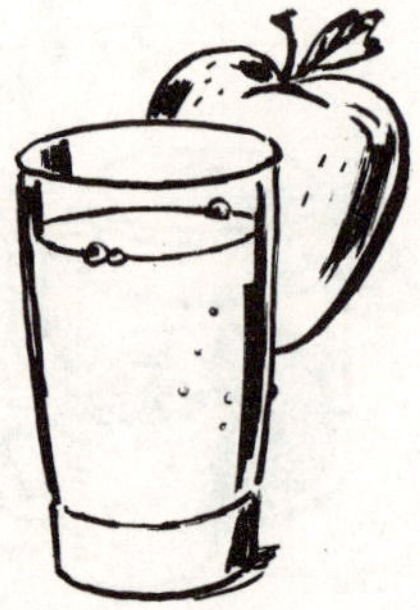

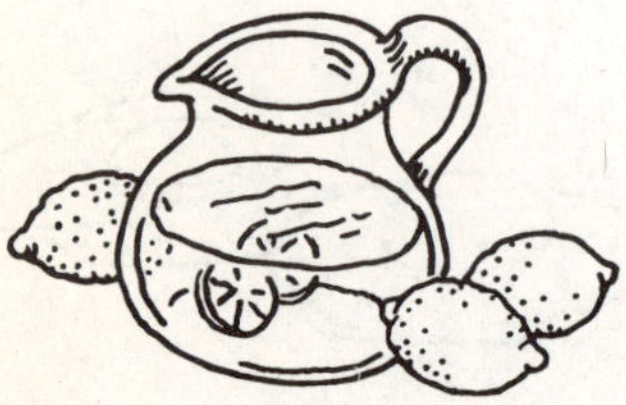

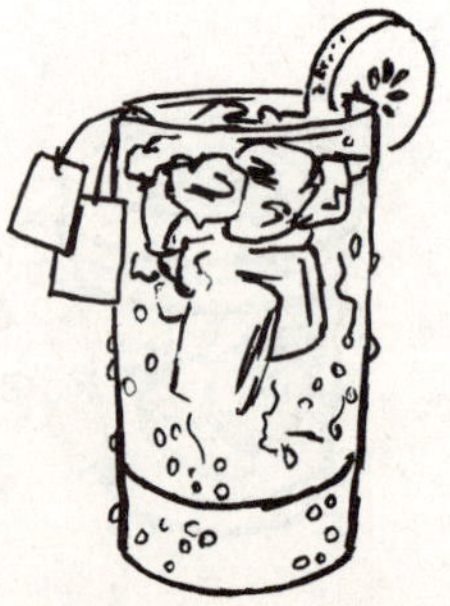

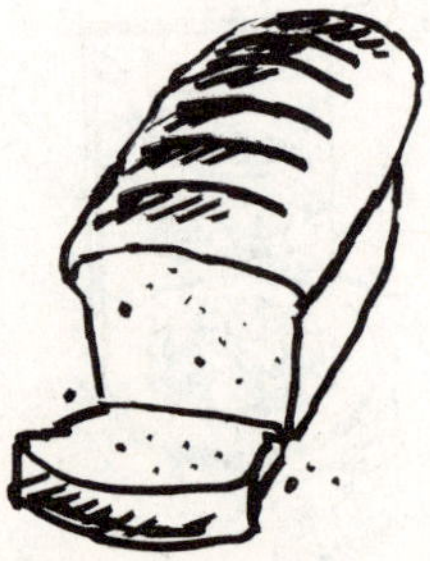

Capítulo 3A

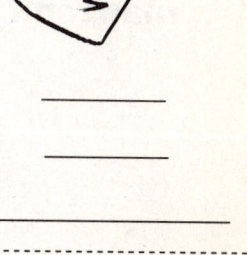

Nombre _____ Hora _____

Fecha _____ **Vocabulary Flash Cards, Sheet 3**

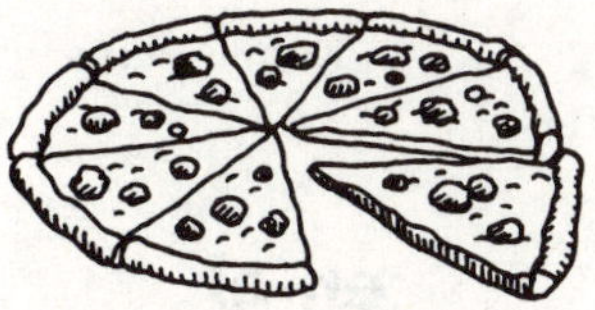

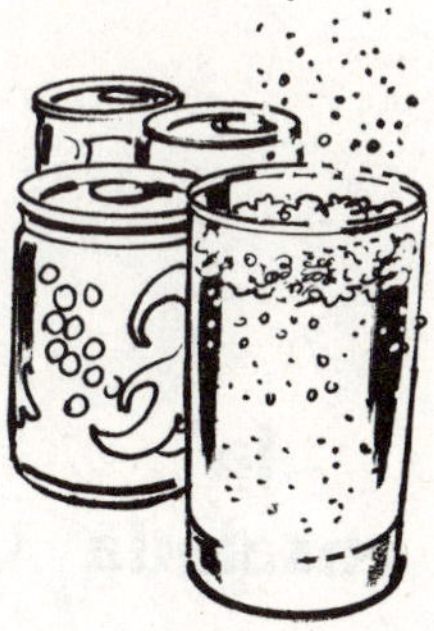

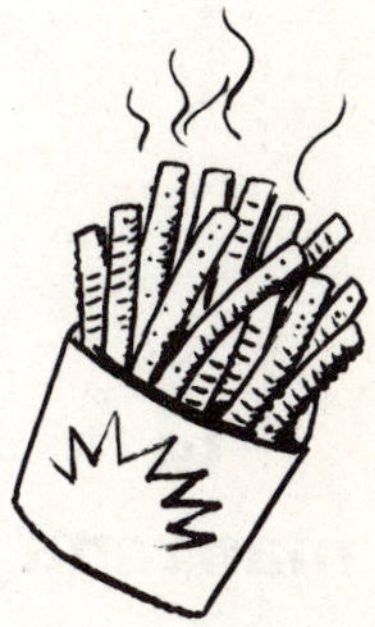

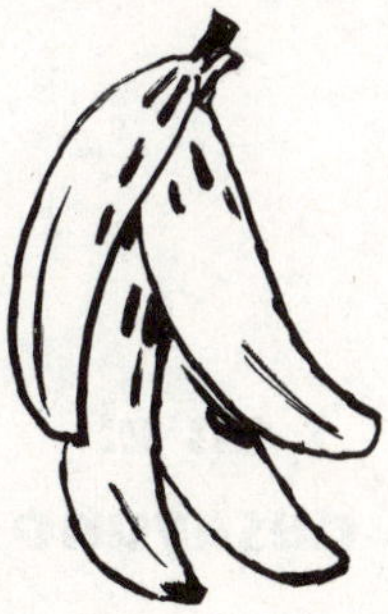

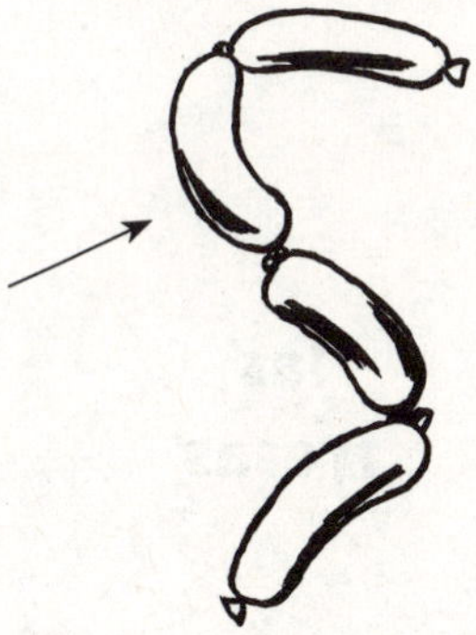

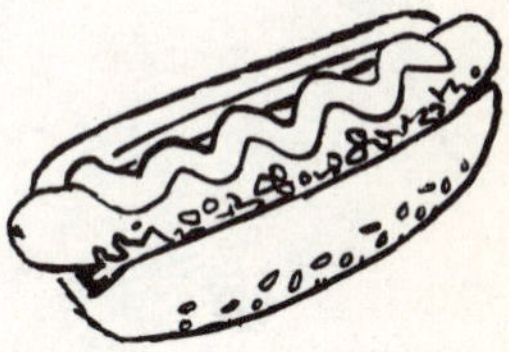

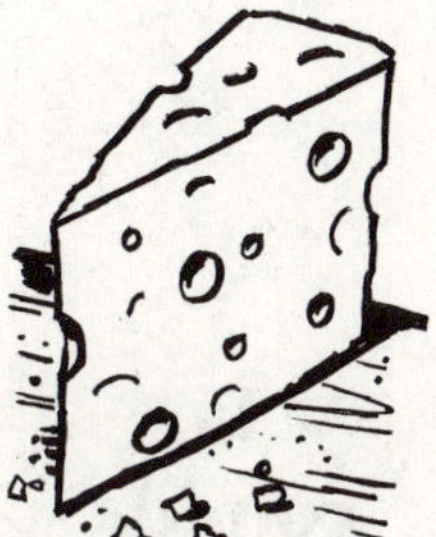

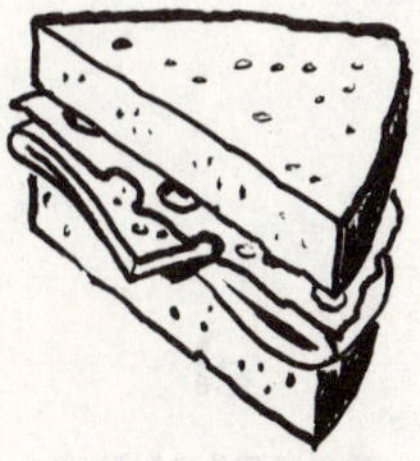

Nombre _____ **Hora** _____

Capítulo 3A **Fecha** _____ **Vocabulary Flash Cards, Sheet 4**

la manzana	la ensalada	en el almuerzo
la naranja	las fresas	en el desayuno
el pan tostado	el desayuno	la comida

86 *Guided Practice Activities* — *Vocabulary Flash Cards 3A*

© Pearson Education, Inc. All rights reserved.

Nombre		Hora

Capítulo 3A

Fecha _____

Vocabulary Flash Cards, Sheet 5

beber _____	**comer** _____	**compartir** _____
nunca _____	**siempre** _____	**todos los días** _____ _____
por supuesto _____ _____	**¡Qué asco!** _____ _____	**¿Verdad?** _____ _____

© Pearson Education, Inc. All rights reserved.

Guided Practice Activities ━ *Vocabulary Flash Cards 3A* **87**

Nombre _____   Hora _____

Capítulo 3A   Fecha _____   **Vocabulary Flash Cards, Sheet 6**

comprender	con	¿Cuál?
_____	_____	_____
más o menos	sin	Me encanta(n). . .
_____ _____ _____	_____	_____
Te encanta(n). . .	Me gusta(n). . .	Te gusta(n). . .
_____ _____	_____ _____	_____ _____

88 *Guided Practice Activities* ▬ *Vocabulary Flash Cards 3A*

© Pearson Education, Inc. All rights reserved.

Nombre _____ **Hora** _____

Capítulo 3A

Fecha _____

Vocabulary Check, Sheet 1

Tear out this page. Write the English words on the lines. Fold the paper along the dotted line to see the correct answers so you can check your work.

en el desayuno _____

los huevos _____

el pan _____

el pan tostado _____

el plátano _____

la salchicha _____

el tocino _____

el yogur _____

en el almuerzo _____

la ensalada
de frutas _____

las fresas _____

la galleta _____

la hamburguesa _____

el jamón _____

las papas fritas _____

el perrito caliente _____

la pizza _____

Fold In

© Pearson Education, Inc. All rights reserved.

Guided Practice Activities ━ *Vocabulary Check 3A* **89**

Capítulo 3A

Nombre _____

Hora _____

Fecha _____

Vocabulary Check, Sheet 2

Tear out this page. Write the Spanish words on the lines. Fold the paper along the dotted line to see the correct answers so you can check your work.

for breakfast _____

eggs _____

bread _____

toast _____

banana _____

sausage _____

bacon _____

yogurt _____

for lunch _____

fruit salad _____

_____

strawberries _____

cookie _____

hamburger _____

ham _____

French fries _____

hot dog _____

pizza _____

Fold In →

90 *Guided Practice Activities* ▬ *Vocabulary Check 3A*

© Pearson Education, Inc. All rights reserved.

Capítulo 3A

Nombre _____

Hora _____

Fecha _____

Vocabulary Check, Sheet 3

Tear out this page. Write the English words on the lines. Fold the paper along the dotted line to see the correct answers so you can check your work.

el sándwich de jamón y queso _____

la sopa de verduras _____

el agua _____

el café _____

el jugo de manzana _____

el jugo de naranja _____

la leche _____

la limonada _____

el refresco _____

el té helado _____

beber _____

comer _____

la comida _____

compartir _____

nunca _____

siempre _____

todos los días _____

Fold In

© Pearson Education, Inc. All rights reserved.

Guided Practice Activities — *Vocabulary Check 3A* **91**

Nombre _____ **Hora** _____

Capítulo 3A Fecha _____ **Vocabulary Check, Sheet 4**

Tear out this page. Write the Spanish words on the lines. Fold the paper along
the dotted line to see the correct answers so you can check your work.

ham and cheese   _____
sandwich   _____

vegetable soup   _____
                     _____

water   _____

coffee   _____

apple juice   _____

orange juice   _____

milk   _____

lemonade   _____

soft drink   _____

iced tea   _____

to drink   _____

to eat   _____

food, meal   _____

to share   _____

never   _____

always   _____

every day   _____

Fold In →

© Pearson Education, Inc. All rights reserved.

92 *Guided Practice Activities* ▬ *Vocabulary Check 3A*

Nombre _____ Hora _____

Capítulo 3A　　Fecha _____ **Guided Practice Activities 3A-1**

Present tense of *-er* and *-ir* verbs (p. 132)

- Like the **-ar** verbs you learned previously, regular **-er** and **-ir** verbs follow a similar pattern in the present tense.
- For **-er** and **-ir** verbs, drop the **-er** or **-ir** from the infinitive (**comer, escribir,** etc.) and add the appropriate endings. The endings are the same for **-er** and **-ir** verbs except for in the **nosotros** and **vosotros** forms.

Present tense of *-er* verbs: *comer*	
yo: add **-o: como**	nosotros/nosotras: add **-emos: comemos**
tú: add **-es: comes**	vosotros/vosotras: add **-éis: coméis**
usted/él/ella: add **-e: come**	ustedes/ellos/ellas: add **-en: comen**

Present tense of *-ir* verbs: *escribir*	
yo: add **-o: escribo**	nosotros/nosotras: add **-imos: escribimos**
tú: add **-es: escribes**	vosotros/vosotras: add **-ís: escribís**
usted/él/ella: add **-e: escribe**	ustedes/ellos/ellas: add **-en: escriben**

A. Circle the ending in each verb form below.

1. escribimos
2. comparten
3. bebes
4. corre
5. ven

6. leo
7. escribes
8. comprendemos
9. comparto
10. ve

B. Now, look at the list of verbs in **part A**. Circle the correct subject pronoun for each verb.

1. (**ustedes / nosotros**) escribimos
2. (**ustedes / ella**) comparten
3. (**nosotros / tú**) bebes
4. (**yo / ella**) corre
5. (**ellos / nosotros**) ven

6. (**yo / él**) leo
7. (**usted / tú**) escribes
8. (**nosotras / ellos**) comprendemos
9. (**usted / yo**) comparto
10. (**usted / ustedes**) ve

Guided Practice Activities ━ *3A-1* **93**

Nombre _____ **Hora** _____

Capítulo 3A Fecha _____ **Guided Practice Activities 3A-2**

Present tense of -*er* and -*ir* verbs *(continued)*

C. Complete each sentence by writing the correct **-er** verb ending for each word.

1. Yo beb_____ agua.
2. Nosotras corr_____.
3. Ella comprend_____ todo.
4. Tú le_____ una revista.
5. Ustedes com_____.
6. Nosotros le_____ unos libros.

D. Now, complete each sentence by writing the correct **-ir** verb ending.

1. Tú escrib_____ una carta.
2. Él compart_____ la comida.
3. Ellas escrib_____ cuentos.
4. Nosotros escrib_____ poemas.
5. Yo compart_____.
6. Nosotras compart_____.

E. Complete each sentence with the correct verb form of the infinitive in parentheses. Follow the models.

Modelo Tú (escribir) ____*escribes*____.

Ella (comer)_____*come*_____.

1. Yo (leer) _____.
2. Ella (escribir) _____.
3. Nosotros (ver) _____.
4. Tú (compartir) _____.
5. Nosotros (escribir) _____.
6. Ellos (beber) _____.
7. Usted (compartir) _____.
8. Ellas (leer) _____.

F. Now, write complete sentences using the words provided. Follow the model.

Modelo tú / ver / la / tele

_____*Tú ves la tele.*_____

1. yo / leer / una / revista

_____.

2. tú / compartir / el / cuarto

_____.

3. ellos / beber / té / helado

_____.

4. nosotros / comer / papas fritas

_____.

5. ella / escribir / una / carta

_____.

6. nosotros / compartir / la / comida

_____.

7. usted / correr / 10 kilómetros

_____.

8. ustedes / escribir / cuentos

_____.

94 *Guided Practice Activities* — *3A-2*

Nombre _____

Hora _____

Capítulo 3A

Fecha _____

Guided Practice Activities 3A-3

Me gustan, me encantan (p. 135)

- To say you like one thing, use **me gusta** (*I like*) or **me encanta** (*I love*).

- To say you like more than one thing, use **me gustan** or **me encantan**.

- Put **no** in front of **me gusta** or **me gustan** to say you don't like one or more things:
  No me gusta el café. No me gustan los huevos.

One thing (singular)	More than one thing (plural)
Me **gusta la leche.**	Me **gustan las manzanas.**
Me **encanta el té.**	Me **encantan los jugos.**

A. Look at each noun. Write **S** if the noun is singular. Write **P** if it is plural.

1. _____ el cereal

2. _____ el tocino

3. _____ los huevos

4. _____ las manzanas

5. _____ las salchichas

6. _____ las papas

7. _____ el pan

8. _____ la pizza

B. Now, look at sentences using the same nouns from **part A**. Complete the verbs by writing **a** for the singular nouns and **an** for the plural nouns. Follow the models.

Modelos   Me encant *a* el café.

Me encant *an* las fresas.

1. Me gust_____ el cereal.

2. Me gust_____ el tocino.

3. Me encant_____ los huevos.

4. Me gust_____ las manzanas.

5. Me encant_____ las salchichas.

6. Me gust_____ las papas.

7. Me encant_____ el pan.

8. Me gust_____ la pizza.

C. Complete the following exchanges by circling the correct word in parenthesis.

1. ELENA: ¿Te (**gusta** / **gustan**) el helado?

   ENRIQUE: ¡Sí! Me (**encanta** / **encantan**) el helado.

2. BERTA: No me (**gusta** / **gustan**) las fresas.

   ANA: ¿No? ¡Me (**encanta** / **encantan**) las fresas!

3. JOSÉ: Me (**encanta** / **encantan**) la pizza.

   LUIS: ¿Sí? A mí no. ¡Pero me (**encanta** / **encantan**) las hamburguesas!

Guided Practice Activities — 3A-3   **95**

© Pearson Education, Inc. All rights reserved.

Nombre _____   Hora _____

Capítulo 3A   Fecha _____   **Guided Practice Activities 3A-4**

Me gustan, me encantan (continued)

D. Complete the following sentences by writing **encanta** or **encantan**.

1. Me _____ el queso.

2. Me _____ los plátanos.

3. Me _____ los jugos.

4. Me _____ el pan.

5. Me _____ el yogur.

6. Me _____ las galletas.

E. Complete the following sentences by writing **gusta** or **gustan**.

1. ¿Te _____ las sopas?

2. No me _____ el queso.

3. No me _____ la leche.

4. No me _____ el tocino.

5. ¿Te _____ las naranjas?

6. ¿Te _____ las papas fritas?

F. Choose words from the list to complete each sentence about what you like or don't like.

el cereal	el desayuno	los huevos	las salchichas	el yogur
las hamburguesas	el jamón	el queso	el café	el té
los perritos calientes	la sopa de verduras	la pizza	las galletas	el jamón

1. Me gusta _____.

2. No me gusta _____.

3. Me gustan _____.

4. No me gustan _____.

5. ¡Me encanta _____!

6. ¡Me encantan _____!

G. Look at each drawing. Then write a sentence to say whether you like it or not. Follow the models.

Modelos   _Me gustan los huevos_ .   OR _No me gustan los huevos_ .

Me gusta la pizza .   OR _No me gusta la pizza_ .

1. _____

2. _____

3. _____

4. _____

96 *Guided Practice Activities* — *3A-4*

Nombre	Hora

Capítulo 3A

Fecha

Guided Practice Activities 3A-5

Lectura: Frutas y verduras de las Américas (pp. 138–139)

A. As you can see by its title, the reading in your textbook is about fruits and vegetables. Think about some fruits and vegetables that you eat. Write the names (in English) of three fruits and three vegetables in the spaces below.

FRUITS   VEGETABLES

_____   _____

_____   _____

_____   _____

B. Below are some Spanish words from the reading, categorized by whether they are a fruit or a vegetable. Choose the English word from the bank that you think is the best meaning for each example and write it in the blank.

potato   beans   corn   pineapple   avocado   papaya

Frutas:

1. papaya _____

2. piña _____

3. aguacate _____

Verduras:

4. papa _____

5. frijoles _____

6. maíz _____

C. On the first page of the reading you see pictures of an avocado, a mango, and a papaya. Read the information below about each fruit and answer the questions that follow.

Aguacate:
- La pulpa es fuente de energía y proteínas.
- Tiene vitaminas A y B.

Mango:
- Es originalmente de Asia.
- Tiene calcio y vitaminas A y C.

Papaya:
- Contiene mucha agua.
- Tiene más vitamina C que la naranja.

1. Which fruits have vitamin A? _____ _____

2. Which fruits have vitamin C? _____ _____

3. Which fruit is not originally from the Americas? _____

D. Look at the recipe for a **Licuado de plátano** on the second page of the reading in your textbook. If the following statements are true, circle **C** for **cierto** (*true*); if they are false, circle **F** for **falso** (*false*).

1. C F The **licuado** is a hot beverage.

2. C F A **plátano** is a banana.

3. C F Milk is used in the recipe.

4. C F The blender is called a **licuadora**.

5. C F You should blend the ingredients for 2 minutes.

© Pearson Education, Inc. All rights reserved.

Guided Practice Activities ━ *3A-5* **97**

Capítulo 3A

Nombre _____

Fecha _____

Hora _____

Guided Practice Activities 3A-6

Presentación oral (p. 141)

Task: You and a partner will role-play a telephone conversation in Spanish between an American exchange student and a host student in Uruguay. You will each take one of the two roles and gather information about the other person.

A. You will role-play this conversation with a partner. Your role will be that of the host student. Here's how to prepare:

On a separate sheet of paper, make a list of two questions in Spanish that you might ask the exchange student. Find out:

(a) what his or her favorite activities are
(b) what he or she likes to eat and drink for breakfast (or lunch)

B. Revise your work.

1. Work with your partner to coordinate answers and to come up with a greeting and a farewell for your conversation. Here is a way to begin:

   HOST STUDENT: ¡Hola, Pablo! Soy Rosa.

   EXCHANGE STUDENT: ¡Hola, Rosa! ¿Cómo estás?

   HOST STUDENT: Bien, gracias.

2. Now, work on completing the conversation. Use filler words that you have learned and the information you have collected from **part A**. See below for a model.

   HOST STUDENT: Pues Pablo, ¿te gusta ir a la escuela?

   EXCHANGE STUDENT: Sí, me gusta mucho. Me gusta dibujar y escribir cuentos. ¿Y tú? ¿Qué te gusta hacer en la escuela?

   HOST STUDENT: A mí también me gusta ir a la escuela. Me gusta mucho correr y practicar deportes, pero no me gusta estudiar mucho. Me gusta más la hora de almuerzo. ¿Qué te gusta comer en el almuerzo?

   EXCHANGE STUDENT: Yo como un sándwich de jamón y queso o una hamburguesa. ¿Y tú?

   HOST STUDENT: A mí me encantan las ensaladas. No me gusta nada la carne. ¿Qué te gusta beber?

   EXCHANGE STUDENT: Yo bebo los refrescos todos los días. ¿Qué bebes tú?

   HOST STUDENT: A mí me gustan los jugos de frutas o bebo agua.

3. Finally, work on your ending. Look again at the **Para empezar** chapter in your textbook to get ideas for how to say good-bye. Below is a sample of how to end the conversation modeled above.

   EXCHANGE STUDENT: Bien, pues, ¡Hasta luego!

   HOST STUDENT: ¡Nos vemos!

C. You will be asked to present your conversation with your partner. The host student will go first. Listen to what your partner says and continue the conversation appropriately.

98 *Guided Practice Activities* ▬ *3A-6*

© Pearson Education, Inc. All rights reserved.

Nombre _____   Hora _____

Capítulo 3B   Fecha _____   **Vocabulary Practice, Sheet 1**

Write the Spanish vocabulary word below each picture. If there is a word or phrase, copy it in the space provided. Be sure to include the article for each noun.

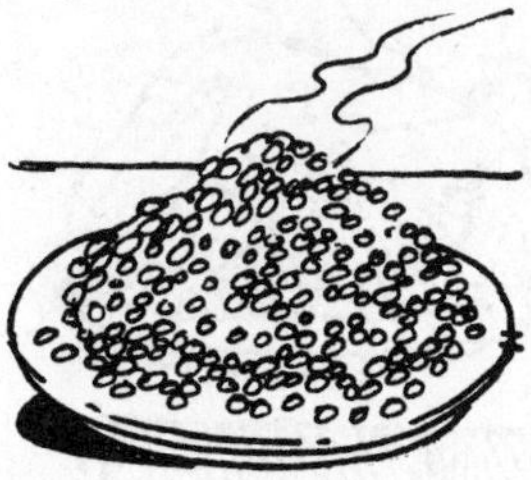

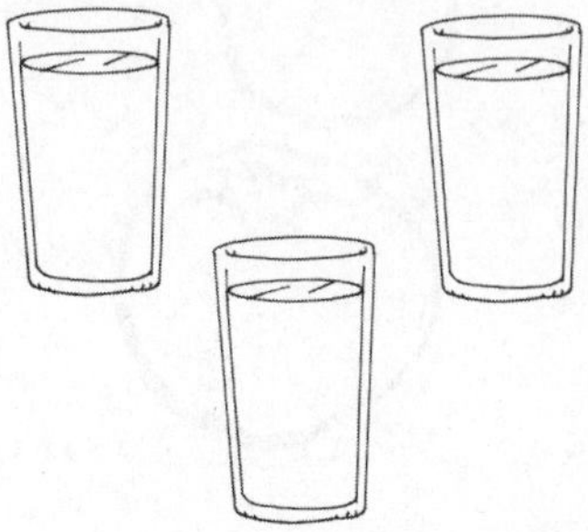

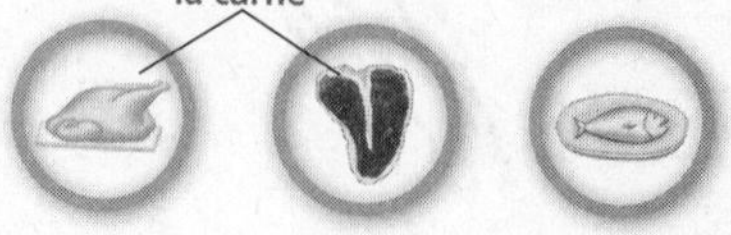

la carne

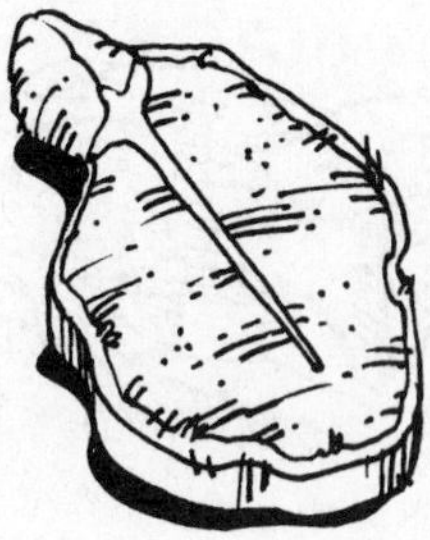

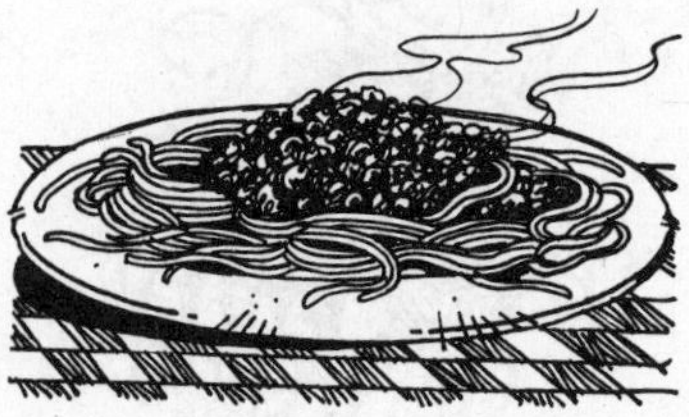

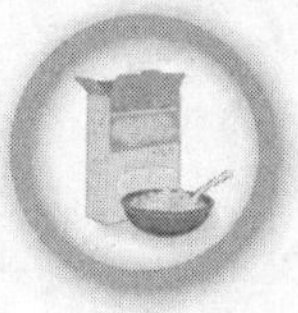

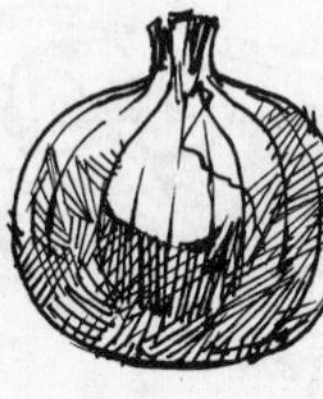

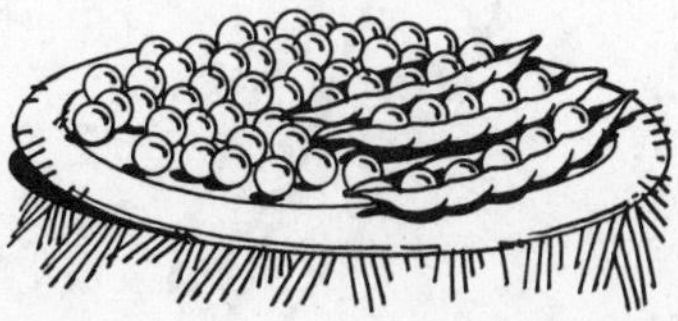

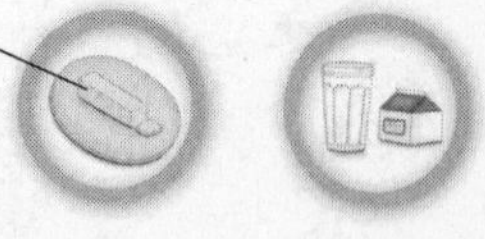

las grasas

Guided Practice Activities ━ _Vocabulary Practice 3B_ **99**

Nombre _____

Hora _____

Capítulo 3B

Fecha _____

Vocabulary Practice, Sheet 2

_____

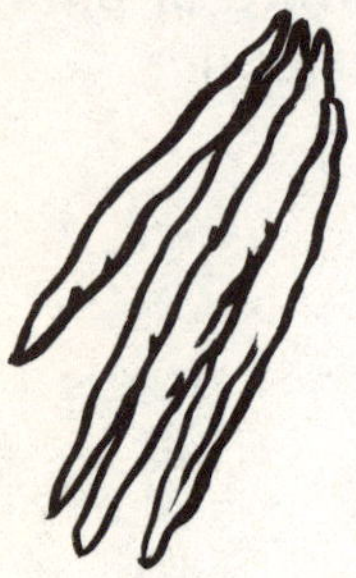

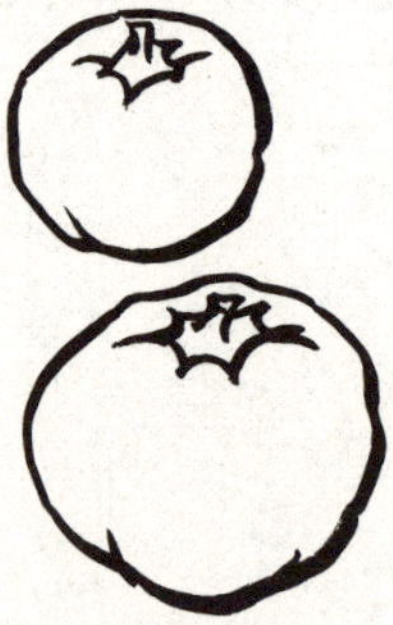

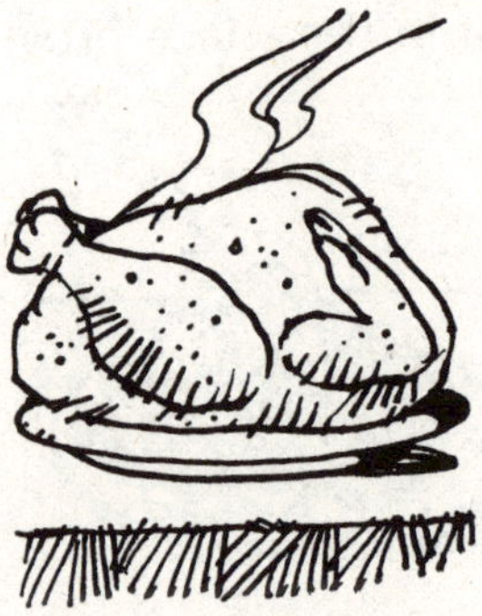

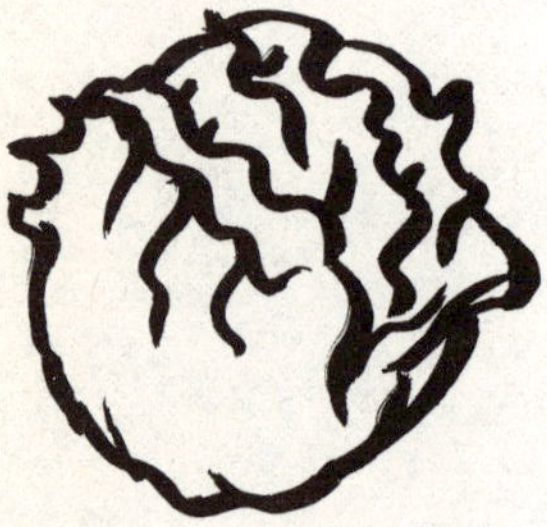

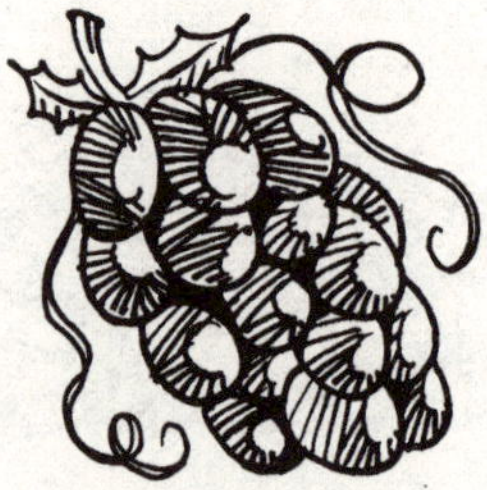

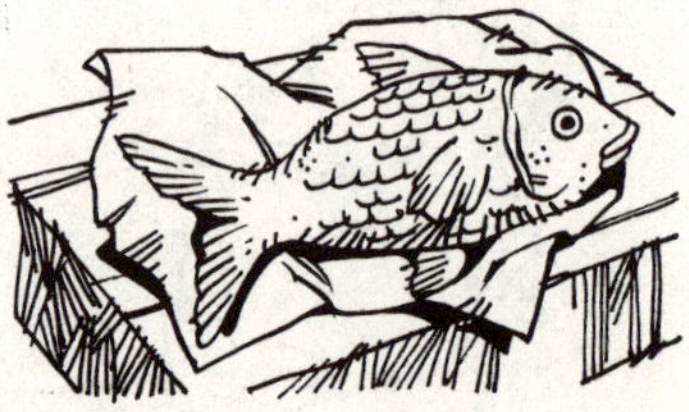

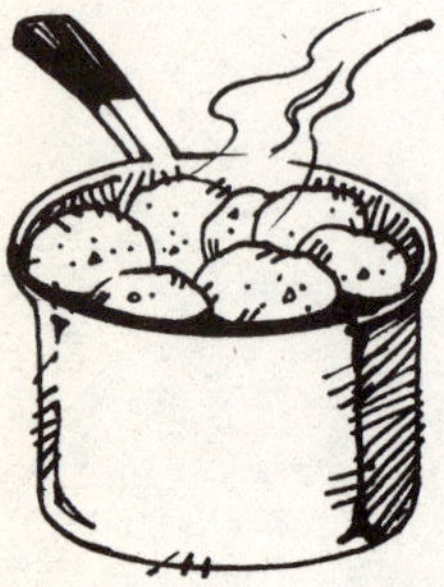

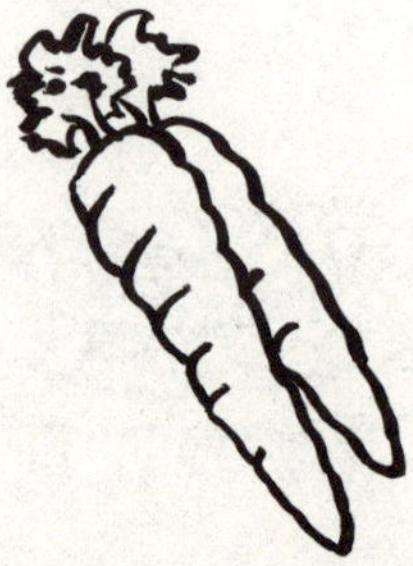

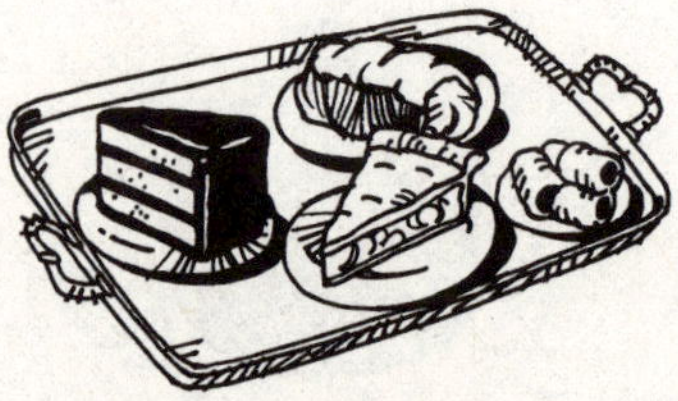

_____

_____

_____

_____

_____

_____

_____

_____

_____

_____

_____

_____

_____

_____

_____

_____

_____

100 *Guided Practice Activities* — *Vocabulary Practice 3B*

Nombre _____ Hora _____

Capítulo 3B

Fecha _____

Vocabulary Practice, Sheet 3

_____	_____	**levantar pesas** _____
_____	**Tengo hambre.** _____	**hacer ejercicio** _____
_____	**caminar** _____	**para la salud** _____

© Pearson Education, Inc. All rights reserved.

Guided Practice Activities — *Vocabulary Practice 3B* **101**

Nombre _____ **Hora** _____

Capítulo 3B **Fecha** _____ **Vocabulary Practice, Sheet 4**

para mantener la salud ___ ___ ___	**Creo que...** ___ ___	**Estoy de acuerdo.** ___
prefiero ___	**Creo que sí.** ___ ___	**No estoy de acuerdo.** ___
deber ___	**Creo que no.** ___ ___	**cada día** ___

102 *Guided Practice Activities* ▬ *Vocabulary Practice 3B*

© Pearson Education, Inc. All rights reserved.

Capítulo 3B

Nombre _____ Hora _____

Fecha _____ **Vocabulary Practice, Sheet 5**

¿Por qué?	muchos, muchas	malo, mala
_____ _____	_____, _____	_____, _____
porque	todos, todas	sabroso, sabrosa
_____	_____, _____	_____, _____
algo	horrible	prefieres
_____	_____	_____

Guided Practice Activities — *Vocabulary Practice 3B* **103**

Nombre _____ **Hora** _____

Capítulo 3B

Fecha _____ **Vocabulary Practice, Sheet 6**

hago _____	**creer** _____	**ser** _____
haces _____	_____	_____
_____ _____	_____	_____

104 *Guided Practice Activities* — *Vocabulary Practice 3B*

© Pearson Education, Inc. All rights reserved.

	Nombre		Hora

Capítulo 3B

Fecha _____

Vocabulary Check, Sheet 1

Tear out this page. Write the English words on the lines. Fold the paper along the dotted line to see the correct answers so you can check your work.

la cena _____

el bistec _____

la carne _____

el pescado _____

el pollo _____

la cebolla _____

los guisantes _____

las judías verdes _____

la lechuga _____

las papas _____

los tomates _____

las uvas _____

las zanahorias _____

el arroz _____

los cereales _____

los espaguetis _____

las grasas _____

la mantequilla _____

el helado _____

Fold In

© Pearson Education, Inc. All rights reserved.

Guided Practice Activities ━ *Vocabulary Check 3B* **105**

Nombre _____ **Hora** _____

Capítulo 3B

Fecha _____

Vocabulary Check, Sheet 2

Tear out this page. Write the Spanish words on the lines. Fold the paper along
the dotted line to see the correct answers so you can check your work.

dinner _____

beefsteak _____

meat _____

fish _____

chicken _____

onion _____

peas _____

green beans _____

lettuce _____

potatoes _____

tomatoes _____

grapes _____

carrots _____

rice _____

grains _____

spaghetti _____

fats _____

butter _____

ice cream _____

Fold In →

106 *Guided Practice Activities* — *Vocabulary Check 3B*

© Pearson Education, Inc. All rights reserved.

Nombre _____ **Hora** _____

Capítulo 3B

Fecha _____ **Vocabulary Check, Sheet 3**

Tear out this page. Write the English words on the lines. Fold the paper along the dotted line to see the correct answers so you can check your work.

los pasteles _____

las bebidas _____

caminar _____

hacer ejercicio _____

levantar pesas _____

para mantener
la salud _____
_____

algo _____

muchos,
muchas _____

malo, mala _____

sabroso,
sabrosa _____
_____

todos,
todas _____

Fold In

© Pearson Education, Inc. All rights reserved.

Guided Practice Activities ━ *Vocabulary Check 3B* **107**

Nombre _____   **Hora** _____

Capítulo 3B

Fecha _____   **Vocabulary Check, Sheet 4**

Tear out this page. Write the Spanish words on the lines. Fold the paper along the dotted line to see the correct answers so you can check your work.

pastries   _____

beverages   _____

to walk   _____

to exercise   _____

to lift weights   _____

to maintain   _____
one's health   _____

something   _____

many   _____
                  _____

bad   _____

tasty,   _____
flavorful   _____

all   _____

Fold In ←

© Pearson Education, Inc. All rights reserved.

108 *Guided Practice Activities* ▬ *Vocabulary Check 3B*

Nombre _____

Hora _____

Capítulo 3B

Fecha _____

Guided Practice Activities 3B-1

The plurals of adjectives (p. 156)

- Adjectives, just like definite articles, must match the noun they accompany. Singular adjectives go with singular nouns, and plural adjectives go with plural nouns.

- Adjectives that end in **-o** or **-a** must also match the noun. Masculine (**-o**) adjectives go with masculine nouns and feminine (**-a**) adjectives go with feminine nouns.

- Adjectives that end in **-e** do not change to match masculine or feminine nouns. They still change to match singular and plural nouns: **el libro interesante, las clases interesantes**.

	Definite article	Noun	Adjective
masculine singular	**el**	pan	sabros**o**
feminine singular	**la**	sopa	sabros**a**
masculine plural	**los**	jamones	sabros**os**
feminine plural	**las**	galletas	sabros**as**

A. Look at each noun. Write **M** if it is masculine or **F** if it is feminine.

1. _____ pan

2. _____ sopas

3. _____ yogur

4. _____ salchichas

5. _____ pizza

6. _____ jamón

7. _____ huevos

8. _____ quesos

9. _____ galletas

10. _____ hamburguesa

B. Now, go back to **part A.** Next to the **M** or **F** you wrote next to each noun, write **S** if the noun is singular and **P** if it is plural.

C. Here are the nouns from **part A.** Now there are adjectives with them. Circle the correct adjective form for each noun.

1. pan (**sabroso / sabrosos**)

2. sopas (**sabrosos / sabrosas**)

3. yogur (**sabrosos / sabroso**)

4. salchichas (**sabrosas / sabrosa**)

5. pizza (**sabrosos / sabrosa**)

6. jamón (**sabroso / sabrosa**)

7. huevos (**sabrosa / sabrosos**)

8. quesos (**sabrosos / sabrosas**)

9. galletas (**sabrosa / sabrosas**)

10. hamburguesas (**sabrosos / sabrosas**)

© Pearson Education, Inc. All rights reserved.

Guided Practice Activitie ━ *3B-1* **109**

Nombre _____ **Hora** _____

Capítulo 3B **Fecha** _____ **Guided Practice Activities 3B-2**

The plurals of adjectives (*continued*)

D. Fill in the missing singular or plural form of each masculine adjective in the chart.

Masculine	
singular	**plural**
divertido	
simpático	
	atrevidos
	serios
artístico	

E. Now, fill in the missing singular or plural form of each feminine adjective in the chart.

Feminine	
singular	**plural**
	divertidas
simpática	
	atrevidas
seria	
	artísticas

F. Choose an adjective from the group of words. Write its correct form in the space provided.

serio	seria	serios	serias
atrevido	atrevida	atrevidos	atrevidas
artístico	artística	artísticos	artísticas

1. Laura y Elena estudian mucho. Son _____.

2. Sandra monta en monopatín. Es _____.

3. Mario dibuja. Es _____.

4. Tomás y Beatriz trabajan mucho. Son _____.

5. Lorenzo y Fernando esquían. Son _____.

110 *Guided Practice Activities* ━ *3B-2*

Capítulo 3B

Nombre _____ Hora _____

Fecha _____

Guided Practice Activities 3B-3

The verb *ser* (p. 158)

- You have already learned and used some forms of the verb **ser**, which means *to be*:
  Yo soy serio. Tú eres simpática. Ella es artística.
- **Ser** is an irregular verb. You will need to memorize its forms.

yo	soy	nosotros/nosotras	somos
tú	eres	vosotros/vosotras	sois
usted/él/ella	es	ustedes/ellos/ellas	son

A. Choose the correct subject pronoun for each form of **ser** and circle it.

1. (yo / él) es
2. (ustedes / ella) son
3. (tú / ella) eres
4. (ella / yo) es

5. (usted / tú) es
6. (nosotros / ellas) son
7. (ellos / nosotros) somos
8. (yo / él) soy

B. Now, write the correct form of **ser** next to each subject pronoun.

1. tú _____
2. usted _____
3. ellos _____
4. él _____

5. ellas _____
6. nosotras _____
7. yo _____
8. ustedes _____

C. Complete the exchanges by writing in the correct form of **ser**.

1. VERA: Yo _____ estudiante. ¿Y tú?

   GONZALO: Yo _____ estudiante también.

2. PABLO: Tú _____ muy deportista, ¿no?

   ENRIQUE: Sí, pero yo también _____ muy estudioso.

3. INÉS: Susana y Olivia _____ muy divertidas.

   MARCOS: Sí. Olivia _____ muy simpática también.

4. PACO Y LUIS: Nosotros _____ perezosos. No estudiamos mucho.

   ANA: Bueno, yo _____ muy trabajadora. Me gusta estudiar.

Guided Practice Activities — 3B-3 **111**

© Pearson Education, Inc. All rights reserved.

Nombre _____ **Hora** _____

Capítulo 3B **Fecha** _____ **Guided Practice Activities 3B-4**

The verb *ser* (*continued*)

D. Look at each drawing. Complete the question with a form of **ser**. Follow the model.

Modelo

¿Cómo _____ **es** _____ él?

1. ¿Cómo _____ él?

2. ¿Cómo _____ tú?

3. ¿Cómo _____ ellas?

4. ¿Cómo _____ nosotras?

5. ¿Cómo _____ yo?

E. Now, complete each sentence with the correct form of **ser** and the correct adjective ending. Refer back to the art in **part D**. Follow the model.

Modelo Él _____ **es** _____ simpático____.

1. Él _____ artístic_____.

2. Tú _____ perezos_____.

3. Ellas _____ estudios_____.

4. Nosotras _____ inteligente_____.

5. Yo _____ atrevid_____.

112 *Guided Practice Activities* — *3B-4*

© Pearson Education, Inc. All rights reserved.

Capítulo 3B

Nombre _____ Hora _____

Fecha _____

Guided Practice Activities **3B-5**

Lectura: La comida de los atletas (pp. 162–163)

> **Skimming is a useful technique to help you get through a reading. You think of general information that you are looking for. Then you quickly read the words to find it.**

A. List three things you would expect to find in an article about an athlete's eating habits.

1. _____

2. _____

3. _____

B. Skim the article and check off the things in your list from **part A** that you find.

C. Note that the pie chart in your textbook shows how much of an athlete's diet can be divided into three categories. Next to each category below, write the English translation of the word. Then fill in the percentage number according to the pie chart.

	English	Number
1. carbohidratos	_____	_____ %
2. proteínas	_____	_____ %
3. grasas	_____	_____ %

D. The reading in your textbook gives a picture and a short description of what foods are good for each big meal of the day. Next to each food given below circle whether the reading says it is best for **D (desayuno)**, **A (almuerzo)**, or **C (cena)**.

1. D A C   pan con mantequilla

2. D A C   pasta

3. D A C   yogur

4. D A C   papas

5. D A C   jalea

E. Read the selection below and answer the questions that follow.

> *La noche antes del partido, el jugador bebe un litro de jugo de naranja, y durante el partido bebe hasta dos litros de agua y bebidas deportivas.*

1. Circle the three kinds of drinks mentioned in the reading.

2. What is a *litro* in English? _____

3. When does the player drink a *litro* of orange juice? _____

© Pearson Education, Inc. All rights reserved.

Guided Practice Activities ━ *3B-5* **113**

Capítulo 3B

Nombre _____

Hora _____

Fecha _____

Guided Practice Activities 3B-6

Presentación escrita (p. 165)

Task: You will make a poster in Spanish with three suggestions for better health. You will need to research what are proven good eating and exercise habits.

❶ **Prewrite.** Talk to classmates, teachers, the school nurse, or your parents about good eating and exercise habits, especially for teens. Then list their ideas under the following headings to help you organize your information:

- Debes comer _____.

- No debes comer mucho(a) _____.

- Debes beber _____.

- No debes beber mucho(a) _____.

- Debes _____ para mantener la salud.

❷ **Draft.** Create your first draft on a separate sheet of paper. (You do not need to use posterboard for this draft.) List your ideas from the prewrite stage. Organize them in a neat or artistic way. Sketch out the visuals you want to include on the poster.

❸ **Revise.**

A. Someone else will check your work for the following:

_____ Have you communicated the three suggestions well?

_____ Do the visuals help with the meaning?

_____ Will the visuals make the poster attractive?

_____ Are all words spelled correctly?

_____ Are grammar and vocabulary used correctly?

B. Rewrite your poster using the person's suggestions.

❹ **Publish.** Your final draft will be on some sort of posterboard. You will want to carefully add any illustrations and designs you had sketched out in an earlier stage.

❺ **Evaluate.** Your teacher will tell you how your poster will be graded. Your teacher will check:

- your completion of the task
- the accuracy of your vocabulary and grammar
- your effective use of visuals

114 *Guided Practice Activities* — 3B-6

© Pearson Education, Inc. All rights reserved.

Nombre _____

Hora _____

Capítulo 4A

Fecha _____

Vocabulary Flash Cards, Sheet 1

Write the Spanish vocabulary word below each picture. If there is a word or phrase, copy it in the space provided. Be sure to include the article for each noun.

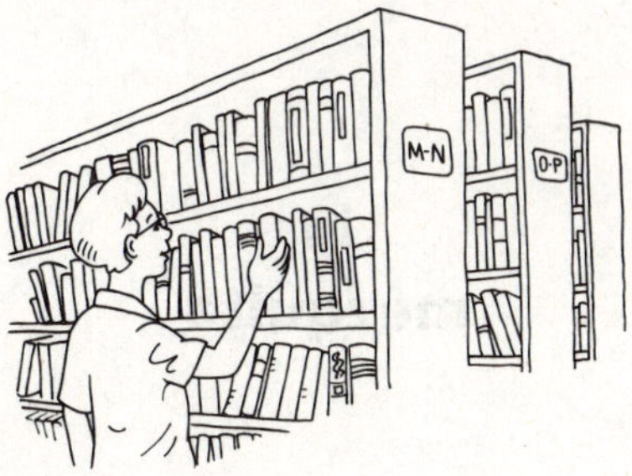

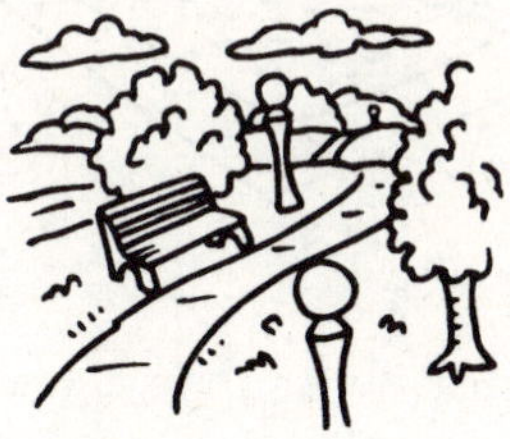

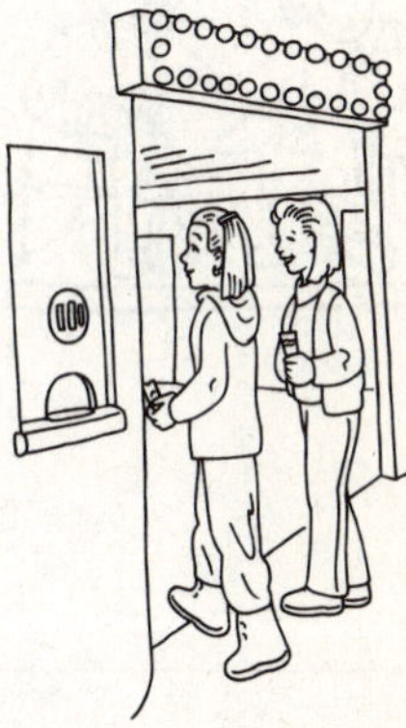

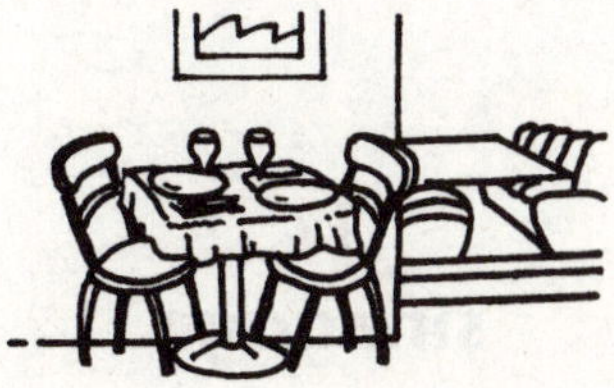

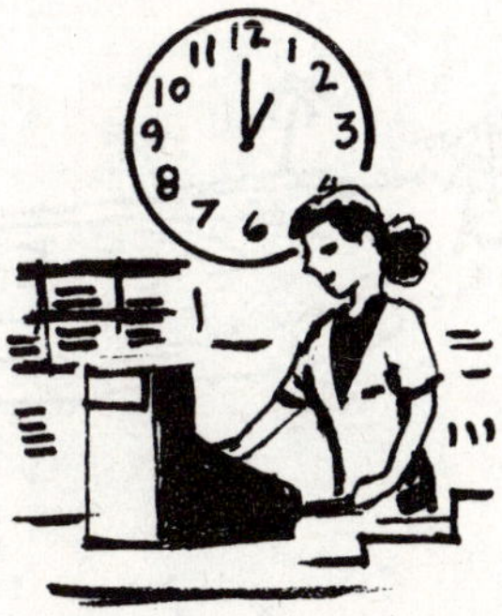

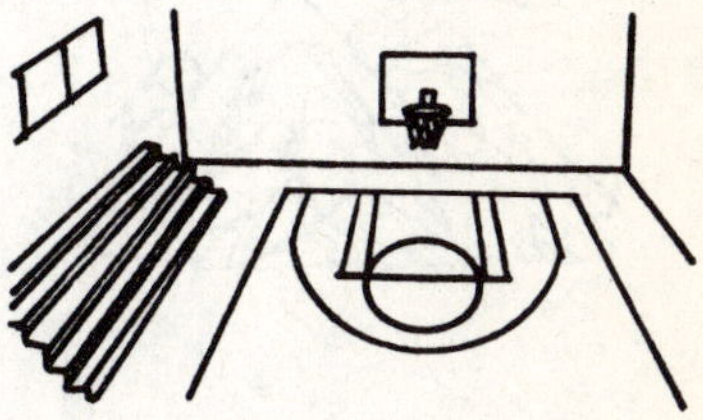

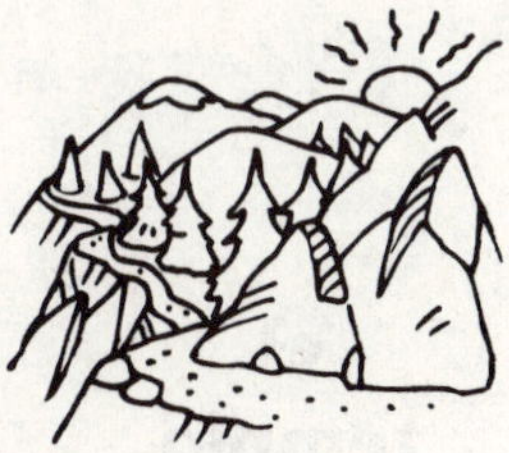

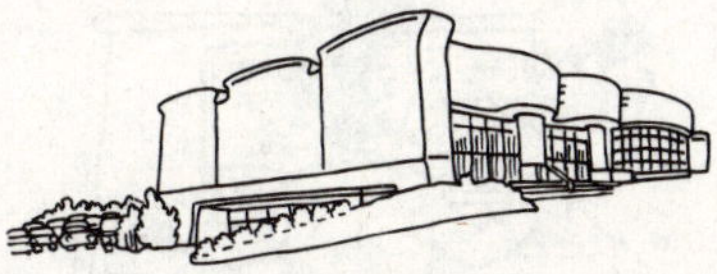

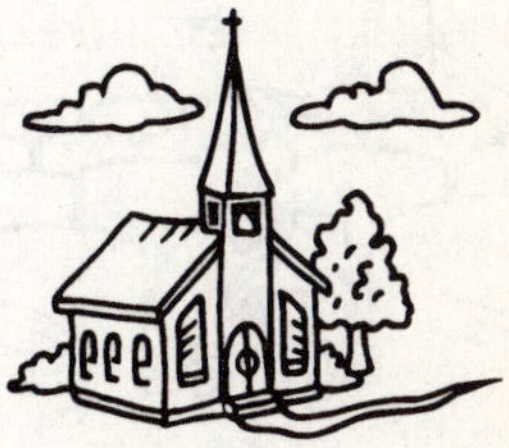

Guided Practice Activities ━ _Vocabulary Flash Cards 4A_ **115**

Capítulo 4A

Nombre _____

Hora _____

Fecha _____

Vocabulary Flash Cards, Sheet 2

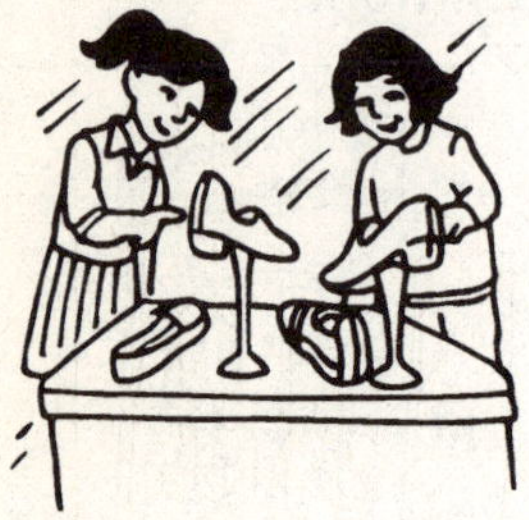

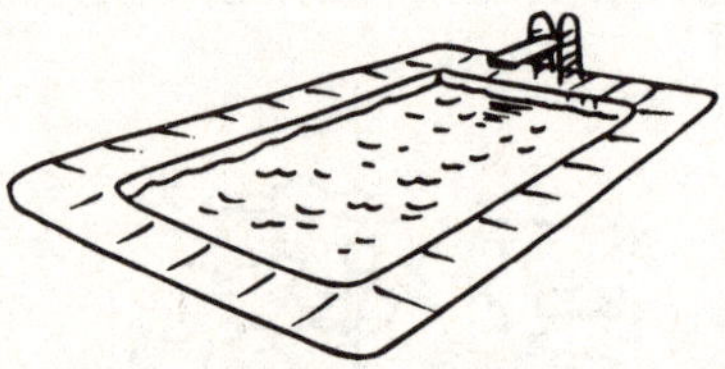

_____ _____

_____

_____

la
mezquita

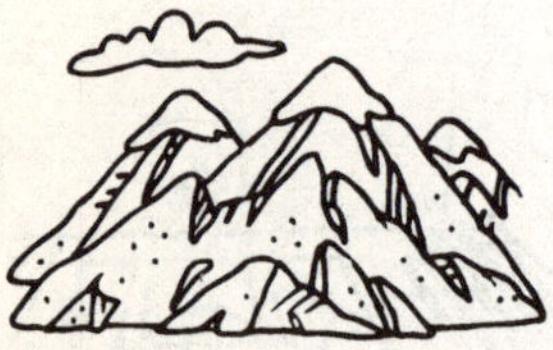

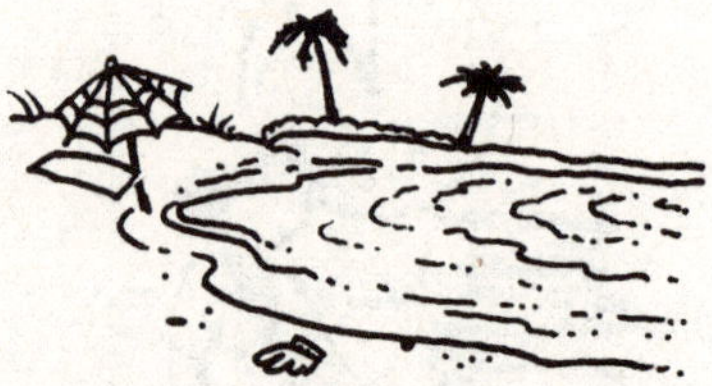

_____

_____

_____

la
sinagoga

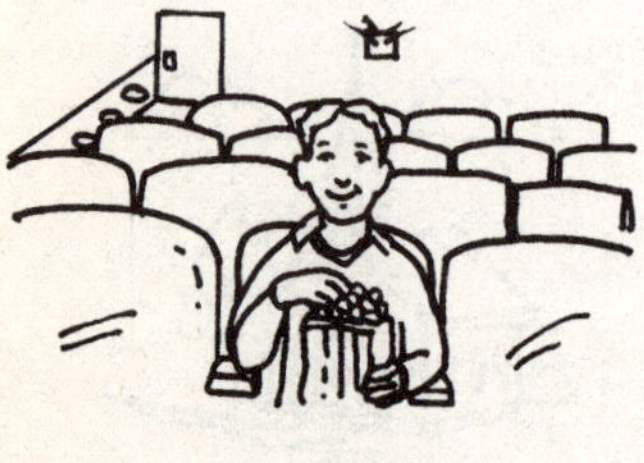

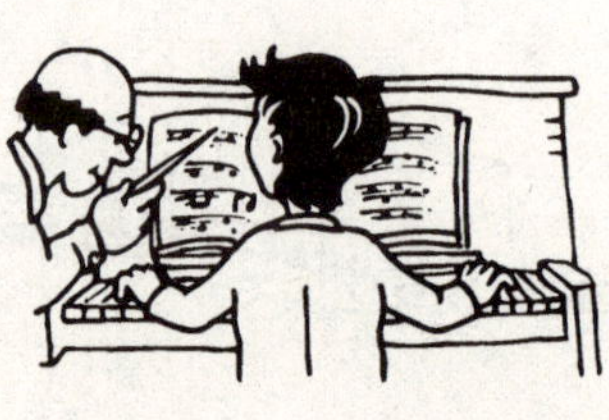

_____

_____ _____

_____

el
templo

_____

116 *Guided Practice Activities* ▬ *Vocabulary Flash Cards 4A*

© Pearson Education, Inc. All rights reserved.

Nombre _____ **Hora** _____

Capítulo 4A

Fecha _____ **Vocabulary Flash Cards, Sheet 3**

la casa _____ _____	**Me quedo en casa.** _____ _____ _____	**¿Adónde?** _____
en casa _____ _____	**a** _____	**a casa** _____ _____
el restaurante _____ _____	**a la, al** _____ , _____	**¿Con quién?** _____ _____

Guided Practice Activities ▬ *Vocabulary Flash Cards 4A* **117**

Nombre _____ Hora _____

Capítulo 4A

Fecha _____ **Vocabulary Flash Cards, Sheet 4**

con mis amigos	**¿Cuándo?**	**los fines de semana**
con mis/tus amigos	**después**	**los lunes, los martes...**
solo, sola	**después de**	**tiempo libre**

118 *Guided Practice Activities* ━ *Vocabulary Flash Cards 4A*

© Pearson Education, Inc. All rights reserved.

Capítulo 4A

Nombre _____ Hora _____

Fecha _____ **Vocabulary Flash Cards, Sheet 5**

de

_____

¡No me digas!

_____ _____

_____

¿De dónde eres?

_____

_____

para

_____

_____

generalmente

_____

_____

_____

_____

_____

Guided Practice Activities — *Vocabulary Flash Cards 4A* **119**

Capítulo 4A

Nombre _____

Hora _____

Fecha _____

Vocabulary Flash Cards, Sheet 6

120 *Guided Practice Activities* — *Vocabulary Flash Cards 4A*

© Pearson Education, Inc. All rights reserved.

Nombre _____ **Hora** _____

Capítulo 4A **Fecha** _____ **Vocabulary Check, Sheet 1**

Tear out this page. Write the English words on the lines. Fold the paper along the dotted line to see the correct answers so you can check your work.

ir de compras   _____

ver una
película   _____

la lección de
piano   _____
                      _____

la biblioteca   _____

el café   _____

el campo   _____

en casa   _____

el centro
comercial   _____

el cine   _____

el gimnasio   _____

la iglesia   _____

la mezquita   _____

las montañas   _____

el parque   _____

la piscina   _____

la playa   _____

el restaurante   _____

Fold In →

Guided Practice Activities — *Vocabulary Check 4A* **121**

Nombre _____ **Hora** _____

Capítulo 4A

Fecha _____ **Vocabulary Check, Sheet 2**

Tear out this page. Write the Spanish words on the lines. Fold the paper along the dotted line to see the correct answers so you can check your work.

to go shopping _____

to see a movie _____

_____

piano lesson _____
(class)

_____

library _____

café _____

countryside _____

at home _____

mall _____

_____

movie theater _____

gym _____

church _____

mosque _____

mountains _____

park _____

swimming pool _____

beach _____

restaurant _____

Fold In →

© Pearson Education, Inc. All rights reserved.

122 *Guided Practice Activities* ▬ *Vocabulary Check 4A*

Nombre _____ **Hora** _____

Capítulo 4A

Fecha _____ **Vocabulary Check, Sheet 3**

Tear out this page. Write the English words on the lines. Fold the paper along the dotted line to see the correct answers so you can check your work.

la sinagoga _____

el templo _____

_____

el trabajo _____

solo, sola _____

¿Cuándo? _____

después _____

después (de) _____

los fines de _____
semana

los lunes, los _____
martes... _____

tiempo libre _____

Fold In →

© Pearson Education, Inc. All rights reserved.

Guided Practice Activities ▬ *Vocabulary Check 4A* **123**

Nombre _____ **Hora** _____

Capítulo 4A **Fecha** _____ **Vocabulary Check, Sheet 4**

Tear out this page. Write the Spanish words on the lines. Fold the paper along the dotted line to see the correct answers so you can check your work.

synagogue _____

temple,
Protestant church _____

work, job _____

alone _____

When? _____

afterwards _____

after _____

on weekends _____

_____

on Mondays,
on Tuesdays . . . _____

_____

free time _____

Fold In ←

© Pearson Education, Inc. All rights reserved.

124 *Guided Practice Activities* ▬ *Vocabulary Check 4A*

Nombre _____ **Hora** _____

Capítulo 4A

Fecha _____ **Guided Practice Activities 4A-1**

The verb *ir* (p. 180)

• The verb **ir** means "to go." It is irregular. Here are its forms.

yo	**voy**	nosotros/nosotras	**vamos**
tú	**vas**	vosotros/vosotras	**vais**
usted/él/ella	**va**	ustedes/ellos/ellas	**van**

• **¡Vamos!** means "Let's go!"

A. Choose the correct subject pronoun for each form of **ir** and circle it.

1. (**tú / él**) va

2. (**yo / usted**) voy

3. (**ellas / nosotras**) vamos

4. (**usted / ustedes**) va

5. (**ustedes / él**) van

6. (**tú / yo**) vas

7. (**ellos / ella**) van

8. (**yo / ella**) va

B. Now, write the correct form of **ir** next to each subject pronoun.

1. ella _____

2. ustedes _____

3. yo _____

4. nosotros _____

5. tú _____

6. él _____

7. ellos _____

8. usted _____

C. Complete each sentence by writing in the correct form of **ir**.

1. Yo _____ al cine para ver una película.

2. Ellas _____ al parque para correr.

3. Nosotros _____ al gimnasio para levantar pesas.

4. Tú _____ al restaurante para comer.

5. Ella _____ a la piscina para nadar.

Guided Practice Activities ▬ *4A-1* **125**

© Pearson Education, Inc. All rights reserved.

Nombre _____ Hora _____

Capítulo 4A   Fecha _____   **Guided Practice Activities 4A-2**

The verb *ir* (*continued*)

• When **ir** + **a** is followed by the definite article **el**, **a** + **el** combines to form **al**:

(vamos a) + (el parque) = **Vamos al parque.**

D. Complete each sentence by writing a form of **ir** + **al** or **a la**. Remember to use **al** when the noun after the write-on line is masculine. Use **a la** when the noun is feminine. Follow the models.

Modelos   Ellos _____*van al*_____ parque.

Ellos _____*van a la*_____ oficina.

1. Silvia _____ casa.

2. Cristina y María _____ café.

3. Tú _____ playa.

4. Nosotros _____ parque.

5. Usted _____ campo.

6. Yo _____ piscina.

• To ask where someone is going, use **¿Adónde?** as in: **¿Adónde vas?**
• To answer, use forms of **ir** + **a** as in: **Voy a la oficina.**

E. Complete the following exchanges by finishing the second sentence with a form of **ir** and the place indicated. Follow the model.

Modelo

el cine

—¿Adónde vas?

—Yo _____*voy al cine*_____.

1.

el parque

—¿Adónde vamos?

—Nosotros _____.

2.

el gimnasio

—¿Adónde van?

—Ellas _____.

3.

la piscina

—¿Adónde va?

—Él _____.

4.

la iglesia

—¿Adónde voy?

—Tú _____.

126 *Guided Practice Activities* ▬ 4A-2

Capítulo 4A

Nombre _____

Hora _____

Fecha _____

Guided Practice Activities 4A-3

Asking questions (p. 184)

- Interrogatives are words that you use to ask questions. Here are some Spanish interrogatives.

Categories	Interrogatives		
People	**¿Quién?**	**¿Con quién?**	
Location	**¿Dónde?**	**¿Adónde?**	**¿De dónde?**
Things or actions	**¿Qué?**	**¿Cuál?**	**¿Cuántos? / ¿Cuántas?**
Reason	**¿Por qué?**		
Time	**¿Cuándo?**		
Description (how)	**¿Cómo?**		

- You can change a statement into a question by raising your voice at the end:

    ¿Margarita va a la biblioteca? In this case, you do not use an interrogative.

- These kinds of questions expect the answer will be *yes* or *no*. You can add **¿verdad?** (*right?*) to the end to emphasize this: **Margarita va a la biblioteca, ¿verdad?**

A. Each drawing or group of drawings represents a question category in the chart above. Write the interrogatives that go with each group. Follow the model.

Modelo

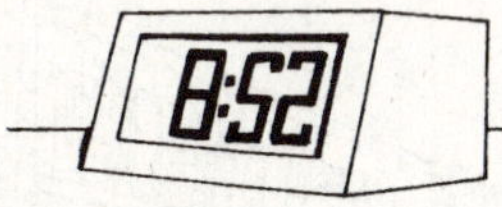

`8:52` — ¿___*Cuándo*___?

1.

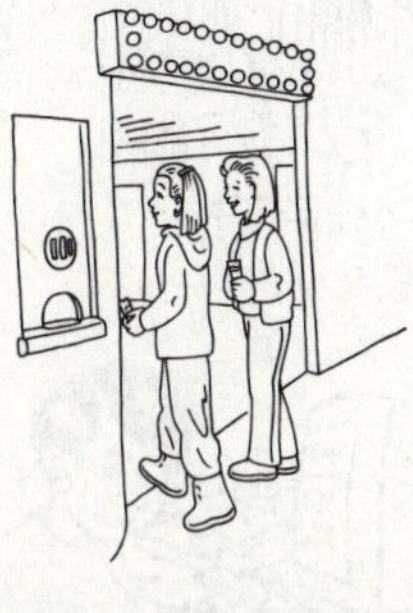

_____

_____

_____

2.

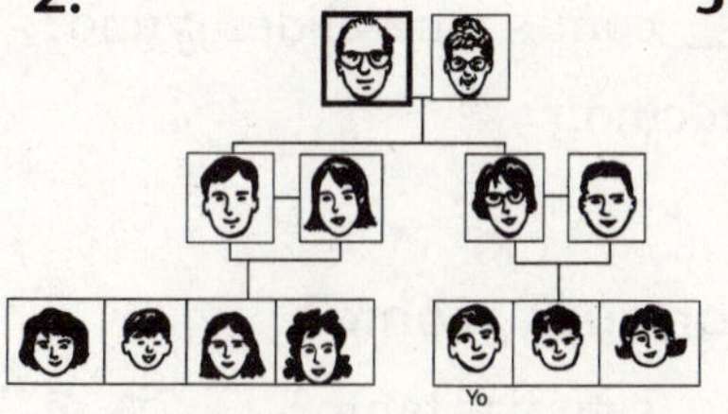

_____

_____

_____

3.

_____

_____

_____

_____

Guided Practice Activities — 4A-3   **127**

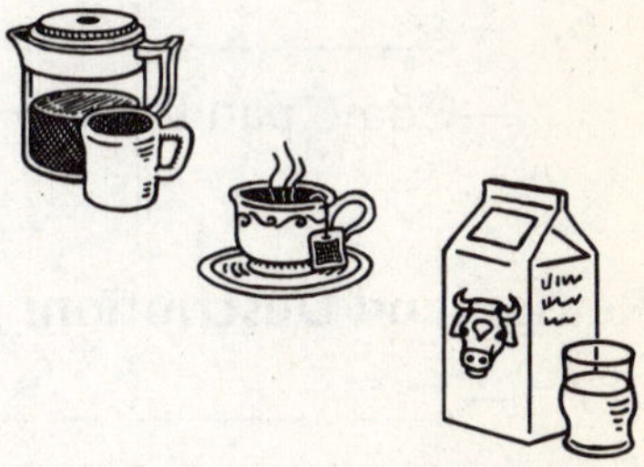

© Pearson Education, Inc. All rights reserved.

Nombre

Hora

Capítulo 4A

Fecha

Guided Practice Activities 4A-4

Asking questions (continued)

- In Spanish questions with interrogatives, the verb comes before the subject:
  ¿Adónde va Margarita?

B. Look at the following groups of exchanges. Write in the correct interrogative to complete each exchange. Use the interrogatives listed for each group.

Location: ¿Dónde? ¿Adónde?

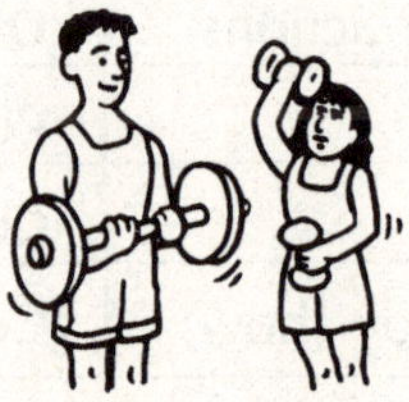

1. —¿_____ van Natalia y Roberto?

   —Van a la biblioteca para estudiar.

2. —¿_____ levantas pesas?

   — Levanto pesas en el gimnasio.

People: ¿Quién? ¿Con quién?

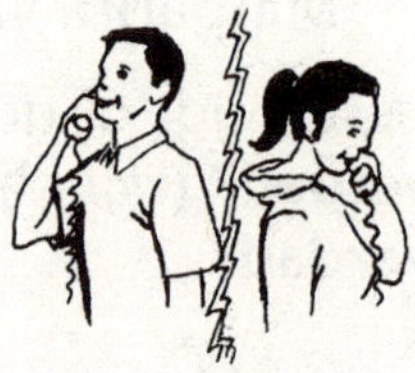

3. —¿_____ hablas mucho por teléfono?

   —Hablo mucho con mi amiga Tina. Ella es muy divertida.

4. —¿_____ es su profesor de español?

   — Es la señora Oliveros. Es muy inteligente.

Things: ¿Qué? ¿Cuántos?

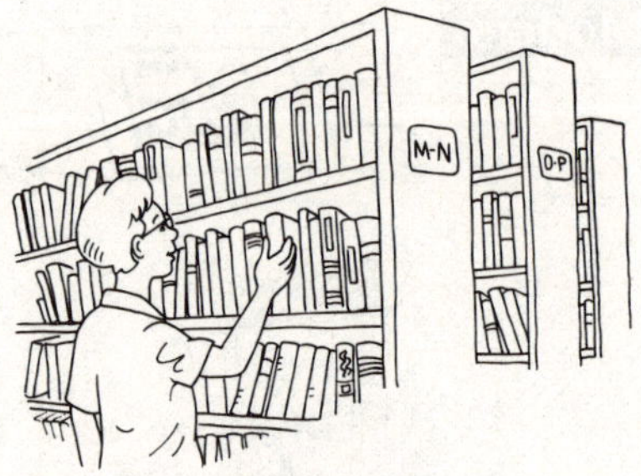

5. —¿_____ libros hay en la biblioteca?

   —¡Hay muchos!

6. —¿_____ comes para el desayuno?

   —Como pan tostado y tocino.

Reason and Description: ¿Por qué? ¿Cómo?

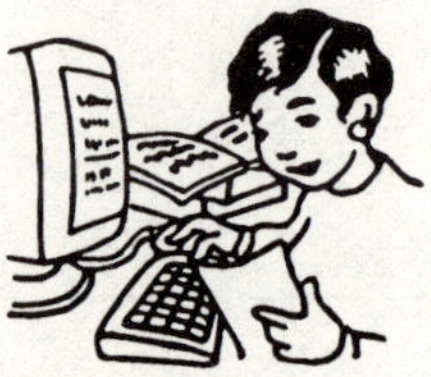

7. —¿_____ estudias tanto?

   — Soy muy trabajadora y me gusta leer.

8. —¿_____ es la clase de matemáticas?

   — Es interesante, pero difícil.

128 *Guided Practice Activities* — 4A-4

© Pearson Education, Inc. All rights reserved.

Nombre	Hora

Capítulo 4A

Fecha

Guided Practice Activities 4A-5

Asking questions (*continued*)

C. Look at each group of phrases. Put them in order to form a question by numbering each group 1, 2, or 3. Then write them in order on the write-on line below. Follow the model. You can also look at the questions in **part B** for examples.

Modelo   Paulina / adónde / va
           3   1   2

¿ _____*Adónde va Paulina*_____ ?

1. es / el profesor de español / quién

_____

2. sillas / hay / cuántas

_____

3. Luisa / adónde / va

_____

4. cómo / ella / es

_____

5. corren / dónde / ellos

_____

6. con quién / habla / Margarita

_____

© Pearson Education, Inc. All rights reserved.

Guided Practice Activities ▬ *4A-5* **129**

| Nombre | | Hora |

Capítulo 4A

Fecha

Guided Practice Activities 4A-6

Lectura: Al centro comercial (pp. 188–189)

A. List four events that you think would take place at a special-event week in a shopping center near you.

1. _____   3. _____

2. _____   4. _____

B. According to the reading in your book, what are the dates for the event week at the Plaza del Sol? Write the answers in English below, next to the days of the week you are given.

Monday, _____   Friday, _____

Tuesday, _____   Saturday, _____

Wednesday, _____   Sunday, _____

Thursday, _____

C. Look at the word bank below. Choose which expression in English best matches with the words you are given and write it in the spaces provided.

Andean music	**Yoga class**	**Evening of jazz**
Evening of tango	**Photography show**	**Yoga performance**

1. Música andina   _____

2. Clase de yoga   _____

3. Noche de jazz   _____

4. Exposición de fotografía   _____

5. Exhibición de yoga   _____

6. Noche de tango   _____

D. Read the description of Andean music and answer the questions that follow.

> El grupo Sol Andino toca música andina fusionada con bossa nova y jazz el lunes a las 8.00 P.M. Abierto al público.

1. Circle the name of the group in the paragraph above.

2. What does this group fuse with its brand of Andean music?

_____ and _____

3. Can the public attend this show? _____

130 *Guided Practice Activities* — 4A-6

© Pearson Education, Inc. All rights reserved.

Nombre	Hora

Capítulo 4A

Fecha

Guided Practice Activities 4A-7

Lectura: Al centro comercial (*continued*)

E. Read the description of the yoga class and answer the questions that follow.

> *La práctica de yoga es todos los martes desde las 7.00 hasta las 9.00 P.M. La instructora Lucía Gómez Paloma enseña los secretos de esta disciplina. Inscríbase al teléfono 224-24-16. Vacantes limitadas.*

1. How long does the yoga class last? _____

2. What does the sequence of numbers 224-24-16 stand for? _____

3. Can anyone attend this class? _____

Why or why not? _____

F. After looking through the readings in your textbook, you know that four events are

Música andina   Clase de yoga   Sábado flamenco   Clase de repostería

explained in detail. These events are listed below. You must choose which event goes with the descriptions you are given. Write the name of the event in the space provided.

1. _____ instructora Lucía Gómez Paloma

2. _____ guitarrista Ernesto Hermoza

3. _____ grupo Sol Andino

4. _____ la Repostería Ideal

5. _____ maestro Rudolfo Torres

6. _____ es el sábado a las 8.00 P.M.

© Pearson Education, Inc. All rights reserved.

Guided Practice Activities — 4A-7 **131**

Nombre _____

Hora _____

Capítulo 4A

Fecha _____

Guided Practice Activities 4A-8

Presentación oral (p. 191)

Task: You and a partner will play the roles of a new student and a student who has been at school for awhile. This student must find out about the new student.

A. You will need to prepare the role of the student who has been at the school for awhile. On a separate sheet of paper, make a list of four questions you have for the new student. Then, think of a greeting to introduce yourself.

First question: Find out where the new student is from.

Second question: Find out what activities the new student likes to do.

Third question: Find out on what days of the week the student likes to do things.

Fourth question: Find out with whom the new student does these activities.

B. You will need to practice your conversation.

1. First, work on the greeting. See below for a model.

   EXPERIENCED STUDENT: ¡Hola, amigo! Soy Ana María. ¿Cómo te llamas?
   NEW STUDENT: Me llamo Miguel Ángel.

2. Now, you will need to put together your questions and answers in a conversation. Use the following as a model:

   EXPERIENCED STUDENT: ¿De dónde eres, Miguel Ángel?
   NEW STUDENT: Soy de Barranquilla, Colombia.
   EXPERIENCED STUDENT: Bien. ¿Qué te gusta hacer en tu tiempo libre?
   NEW STUDENT: Me gusta ir al campo, nadar en el mar y caminar en las montañas.
   EXPERIENCED STUDENT: A mí también me gusta ir al campo. ¿Cuándo vas tú al campo?
   NEW STUDENT: Voy al campo los fines de semana. Me gusta caminar cuando estoy de vacaciones.
   EXPERIENCED STUDENT: ¿Y con quién vas al campo o a las montañas?
   NEW STUDENT: Voy con mi familia.

3. Now work on a closing. Use the following as a model:

   EXPERIENCED STUDENT: ¡Bueno, hasta luego Miguel Ángel!
   NEW STUDENT: ¡Nos vemos, Ana María!

C. You will need to present your conversation. Make sure you do the following in your presentation:

_____ provide and obtain all the necessary information

_____ have no breaks in the conversation

_____ speak clearly

132 *Guided Practice Activities* ━ *4A-8*

© Pearson Education, Inc. All rights reserved.

Nombre _____   **Hora** _____

Capítulo 4B

Fecha _____   **Vocabulary Practice, Sheet 1**

Write the Spanish vocabulary word below each picture. If there is a word or phrase, copy it in the space provided. Be sure to include the article for each noun.

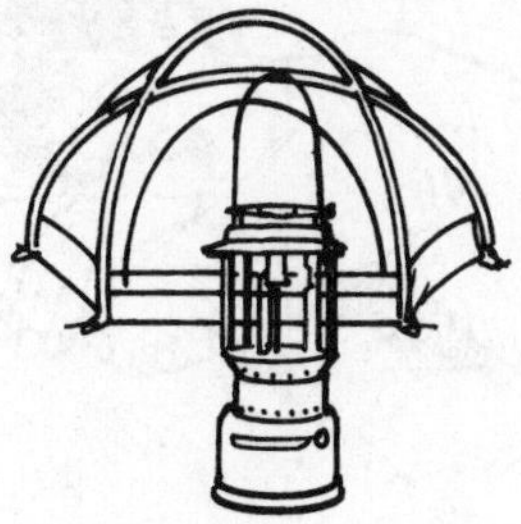

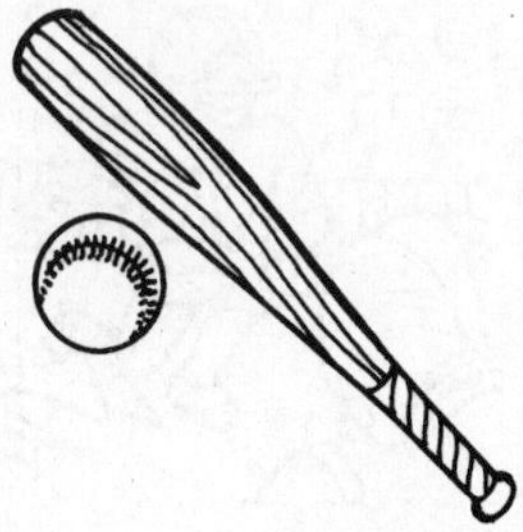

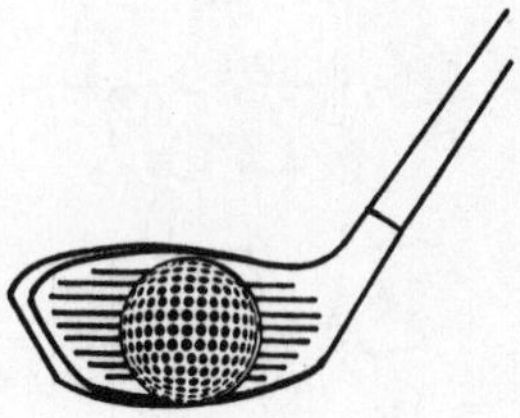

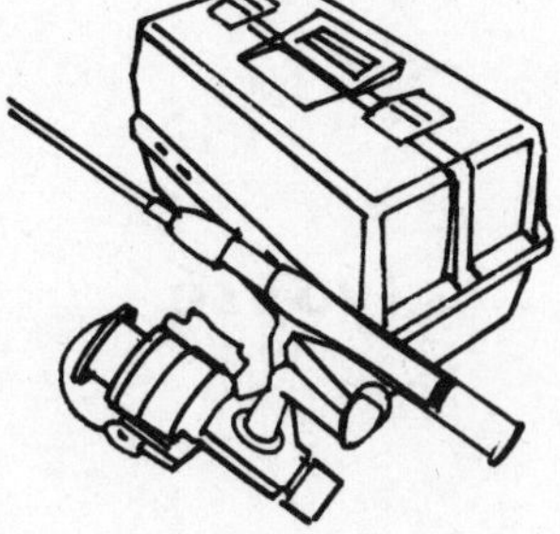

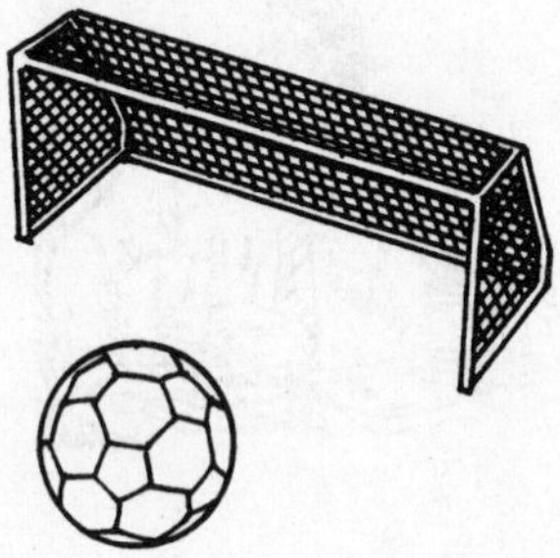

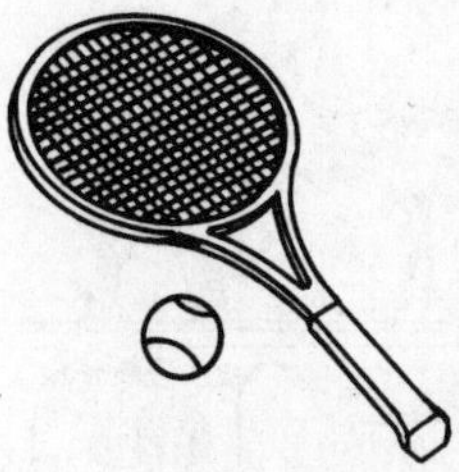

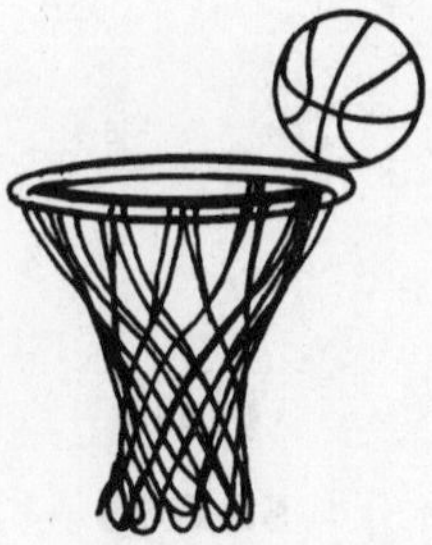

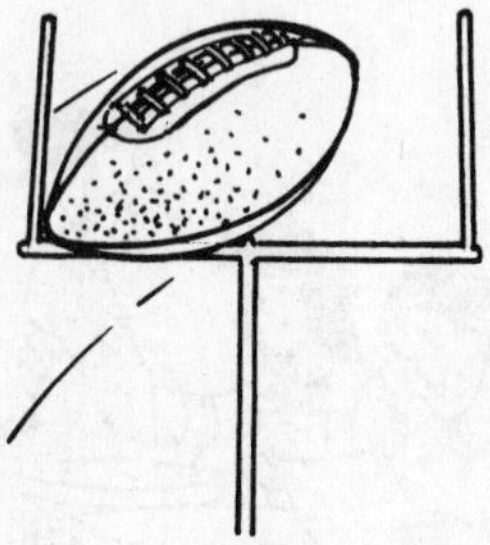

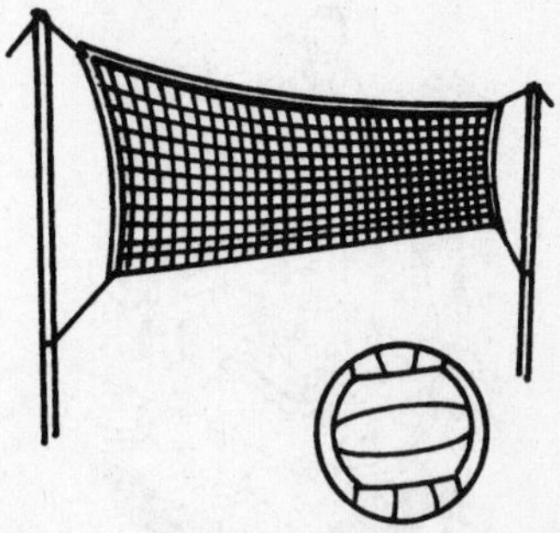

Guided Practice Activities — _Vocabulary Practice 4B_ **133**

Nombre _____ **Hora** _____

Capítulo 4B

Fecha _____ **Vocabulary Practice, Sheet 2**

_____
_____

_____

_____ ,
_____

_____

_____ ,
_____

(yo) sé

_____ _____

_____

_____

**(tú)
sabes**

_____
_____

_____
_____

© Pearson Education, Inc. All rights reserved.

134 *Guided Practice Activities* ━ *Vocabulary Practice 4B*

Nombre _____ **Hora** _____

Capítulo 4B

Fecha _____ **Vocabulary Practice, Sheet 3**

contento, contenta _____, _____	¿A qué hora? _____ _____	de la mañana ___ ___ ___
enfermo, enferma _____, _____	a la una _____ _____	de la noche ___ ___ ___
mal _____	a las ocho ___ ___ ___	de la tarde ___ ___ ___

Guided Practice Activities — *Vocabulary Practice 4B* **135**

© Pearson Education, Inc. All rights reserved.

Nombre _____ **Hora** _____

Capítulo 4B

Fecha _____ **Vocabulary Practice, Sheet 4**

este fin de semana _____ _____ _____ _____	**conmigo** _____	**¡Ay! ¡Qué pena!** _____ _____ _____
esta noche _____ _____	**contigo** _____	**¡Genial!** _____
esta tarde _____ _____	**(yo) puedo** _____	**¡Qué buena idea!** _____ _____ _____

136 *Guided Practice Activities* ▬ *Vocabulary Practice 4B*

Nombre _____ **Hora** _____

Capítulo 4B **Fecha** _____ **Vocabulary Practice, Sheet 5**

¡Oye! _____	¿Te gustaría? _____ _____	demasiado _____
lo siento _____ _____	me gustaría _____	entonces _____
(yo) quiero _____ _____	Tengo que... _____	un poco (de) _____ _____

Guided Practice Activities — *Vocabulary Practice 4B* **137**

© Pearson Education, Inc. All rights reserved.

Nombre _____ **Hora** _____

Capítulo 4B

Fecha _____

Vocabulary Practice, Sheet 6

(tú) puedes	(tú) quieres	ir a + *infinitive*

138 *Guided Practice Activities* — *Vocabulary Practice 4B*

© Pearson Education, Inc. All rights reserved.

Nombre _____ **Hora** _____

Capítulo 4B

Fecha _____ **Vocabulary Check, Sheet 1**

Tear out this page. Write the English words on the lines. Fold the paper along the dotted line to see the correct answers so you can check your work.

el baile _____

el concierto _____

la fiesta _____

el partido _____

ir de camping _____

ir de pesca _____

jugar al
básquetbol _____
_____

jugar al béisbol _____

jugar al fútbol _____

jugar al fútbol
americano _____

jugar al golf _____

jugar al tenis _____

jugar al
vóleibol _____
_____

cansado,
cansada _____

contento,
contenta _____

Fold In

© Pearson Education, Inc. All rights reserved.

Guided Practice Activities ▬ *Vocabulary Check 4B* **139**

Nombre _____ **Hora** _____

Capítulo 4B   **Fecha** _____   **Vocabulary Check, Sheet 2**

Tear out this page. Write the Spanish words on the lines. Fold the paper along the dotted line to see the correct answers so you can check your work.

dance _____

concert _____

party _____

game, match _____

to go camping _____

to go fishing _____

to play
basketball _____
_____

to play baseball _____

to play soccer _____

to play football _____
_____

to play golf _____

to play tennis _____

to play
volleyball _____
_____

tired _____
_____

happy _____
_____

Fold In

© Pearson Education, Inc. All rights reserved.

140 *Guided Practice Activities* ▬ *Vocabulary Check 4B*

Nombre _____   **Hora** _____

Capítulo 4B   **Fecha** _____   **Vocabulary Check, Sheet 3**

Tear out this page. Write the English words on the lines. Fold the paper along
the dotted line to see the correct answers so you can check your work.

enfermo,
enferma   _____

ocupado,
ocupada   _____

triste   _____

a la una   _____

de la mañana   _____

de la noche   _____

                    _____

de la tarde   _____

este fin de
semana   _____

esta noche   _____

esta tarde   _____

¡Ay! ¡Qué pena!   _____

¡Genial!   _____

lo siento   _____

¡Qué buena idea!   _____

Fold In

Guided Practice Activities ➡ *Vocabulary Check 4B*   **141**

Nombre _____   **Hora** _____

Capítulo 4B   **Fecha** _____   **Vocabulary Check, Sheet 4**

Tear out this page. Write the Spanish words on the lines. Fold the paper along
the dotted line to see the correct answers so you can check your work.

sick   _____

                        _____

busy   _____

                        _____

sad   _____

at one (o'clock)   _____

in the morning   _____

in the evening,   _____
at night

in the afternoon   _____

this weekend   _____

                        _____

this evening   _____

this afternoon   _____

Oh! What a shame!   _____

Great!   _____

I'm sorry   _____

What a good idea!   _____

Fold In ←

© Pearson Education, Inc. All rights reserved.

142 *Guided Practice Activities* ▬ *Vocabulary Check 4B*

Nombre _____ **Hora** _____

Capítulo 4B **Fecha** _____ **Guided Practice Activities 4B-1**

Ir + a + infinitive (p. 206)

- You have already learned to use the verb **ir** (*to go*). To review, here are its forms, which are irregular.

yo	**voy**	nosotros/nosotras	**vamos**
tú	**vas**	vosotros/vosotras	**vais**
usted/él/ella	**va**	ustedes/ellos/ellas	**van**

- As you have learned, the infinitive is the basic form of the verb (**hablar, comer, leer,** etc.). It is equivalent to "to . . ." in English: *to talk, to eat, to read.*
- When you use **ir** + **a** with an infinitive, it means you or others are *going to do something* in the future. It is the same as "I am going to . . ." in English: **Voy a leer el libro. Vamos a ver la película.**

A. Review by writing the correct form of **ir** next to each subject pronoun.

1. tú _____
2. ellos _____
3. él _____
4. usted _____

5. ella _____
6. yo _____
7. ustedes _____
8. nosotras _____

B. Now complete each sentence with the correct form of **ir**.

1. Marta y Rosa _____ a estudiar esta tarde.
2. Yo _____ a jugar al tenis esta tarde.
3. Tú _____ a montar en monopatín mañana.
4. Nosotras _____ a bailar mañana.
5. Ustedes _____ a correr esta tarde.
6. Serena _____ a ir de camping mañana.

C. Complete the exchanges with the correct form of **ir**.

1. LAURA: ¿Qué _____ a hacer este fin de semana?

   CARLOS: Yo _____ a jugar al golf.

2. ANA: ¿Qué _____ a hacer ustedes mañana?

   TOMÁS: Nosotros _____ a trabajar.

3. ERNESTO: ¿Qué _____ a hacer Susana hoy?

   RICARDO: Ella y yo _____ a ir al cine.

Guided Practice Activities ➡ 4B-1 **143**

Capítulo 4B

Nombre _____ Hora _____

Fecha _____

Guided Practice Activities 4B-2

Ir + a + infinitive (continued)

D. Write questions with **ir + a + hacer**. Follow the models.

Modelos   (tú) / hacer hoy

¿Qué _____ *vas a hacer hoy* _____ ?

(ellos) / hacer este fin de semana

¿Qué _____ *van a hacer este fin de semana* _____ ?

1. yo / hacer esta tarde

¿Qué _____ ?

2. nosotros / hacer mañana

¿Qué _____ ?

3. ustedes / hacer hoy

¿Qué _____ ?

4. tú / hacer este fin de semana

¿Qué _____ ?

5. ella / hacer esta mañana

¿Qué _____ ?

E. Write sentences to say what the people shown are going to do tomorrow. Follow the model.

Modelo   Roberto

Roberto va a jugar al béisbol.

1.   Ana

_____

2.   Juan y José

_____

3.   tú

_____

4.   yo

_____

144 *Guided Practice Activities* ━ 4B-2

Nombre	Hora

Capítulo 4B

Fecha

Guided Practice Activities 4B-3

The verb *jugar* (p. 208)

- **Jugar** (*to play a sport or game*) uses the regular -**ar** present tense endings.
- However, **jugar** does not use the same stem in all its forms. **Jugar** is a *stem-changing verb*. In most forms, it uses **jueg**- + the -**ar** endings. But in the **nosotros/ nosotras, vosotros/vosotras** forms, it uses **jug**- + the -**ar** endings.
- Here are the forms of **jugar**:

yo	**juego**	nosotros/nosotras	**jugamos**
tú	**juegas**	vosotros/vosotras	**jugáis**
usted/él/ella	**juega**	ustedes/ellos/ellas	**juegan**

A. Circle the forms of **jugar** in each sentence. Underline the stem in each form of **jugar**.

1. Yo juego al tenis este fin de semana.

2. Ellos juegan al básquetbol esta noche.

3. Nosotros jugamos videojuegos mañana.

4. Ustedes juegan al golf este fin de semana.

5. Tú y yo jugamos al béisbol esta tarde.

6. Tú juegas al fútbol americano este fin de semana.

7. Ella juega al fútbol esta tarde.

8. Nosotras jugamos al vóleibol hoy.

B. Now, write the forms of **jugar** you circled in **part A**. Put them in the corresponding rows of the table. The first one has been done for you.

Subject pronoun	Form of *jugar*
1. yo	*juego*
2. ellos	
3. nosotros	
4. ustedes	
5. tú y yo	
6. tú	
7. ella	
8. nosotras	

© Pearson Education, Inc. All rights reserved.

Guided Practice Activities ▬ 4B-3 **145**

Nombre _____ Hora _____

Capítulo 4B

Fecha _____

Guided Practice Activities 4B-4

The verb *jugar* (*continued*)

C. Write questions with **jugar**. Follow the model.

Modelo	usted

_____¿A qué juega?_____

1. tú

_____

2. nosotros

_____

3. yo

_____

4. ella

_____

5. tú y yo

_____

6. ustedes

_____

D. Now write sentences to say what people are playing. Follow the model.

Modelo	Eduardo

_____Eduardo juega al fútbol._____

1. Rosa y Ana

_____

2. nosotros

_____

3. yo

_____

4. tú

_____

5. ustedes

_____

146 *Guided Practice Activities* ▬ 4B-4

© Pearson Education, Inc. All rights reserved.

Capítulo 4B

Nombre _____

Hora _____

Fecha _____

Guided Practice Activities 4B-5

Lectura: Sergio y Paola: Dos deportistas dotados (pp. 212–213)

A. A list of personal information is given about each athlete in your textbook reading. Below are several of the categories for each piece of information. Write what you think is the English word for each category below.

1. Nombre _____

2. Fecha de nacimiento _____

3. Lugar de nacimiento _____

4. Su objetivo _____

5. Profesional _____

B. Look at the list of **aficiones** (*interests*) for each athlete below. Then, answer the questions that follow.

SERGIO: Real Madrid, tenis, fútbol, videojuegos

PAOLA: Nadar, practicar gimnasia, viajar, pasar tiempo con su familia

1. Do Sergio and Paola share any interests? _____

2. What interest does Sergio have that is not a sport? _____

3. What interests does Paola have that are not a sport? _____

C. Look at the following sentences from the reading. Circle **S** if they are about Sergio and **P** if they are about Paola.

1. **S P** Juega para el Club de Campo del Mediterráneo en Borriol.

2. **S P** Es la mejor clavadista de México.

3. **S P** Su padre Víctor es golfista profesional.

4. **S P** Practica su deporte desde la edad de tres años.

5. **S P** Quiere ser la clavadista número uno del mundo.

6. **S P** A la edad de 17 años gana su primer torneo de profesionales.

D. Now, answer the questions about the two athletes from the reading. Write in either **Paola, Sergio,** or **both** depending on the best answer.

1. Who was born in 1980? _____

2. Who is from Spain? _____

3. Who likes soccer? _____

4. Who also practices gymnastics? _____

5. Who won an Olympic medal? _____

6. Who wants to be the best athlete in their sport in the world? _____

Guided Practice Activities ━ 4B-5 **147**

© Pearson Education, Inc. All rights reserved.

Capítulo 4B

Nombre _____

Hora _____

Fecha _____

Guided Practice Activities 4B-6

Presentación escrita (p. 215)

Task: Pretend you want to invite a friend to an upcoming special event on your calendar. You will need to write one invitation to that friend and anyone else you want to invite.

❶ Prewrite. Think about what event you want to attend. Fill in the information below about the event.

Name of event: _____

When (day and time): _____

Where: _____

Who is going: _____

❷ Draft. Use the information from **step 1** to write a first draft of your invitation on a separate sheet of paper. See below for a model.

> ¡Hola amigos!
>   Quiero invitarlos a una noche de baile caribeño en la sala de reuniones de la iglesia. La fiesta va a ser de las siete de la tarde hasta las once de la noche, el viernes, el cinco de mayo.
>   Quiero verlos a todos ustedes allí.
> Su amiga,
> Melisa

❸ Revise.

A. Read your note and check for the following:

_____ Is the spelling correct? (Consult a dictionary if you are not sure.)

_____ Did you use verbs correctly?

_____ Is all the necessary information included?

_____ Is there anything you should add or change?

B. Rewrite your invitation if there were any problems.

❹ Publish. Write a final copy of your invitation, making any necessary changes. Be sure to write or type neatly, as others will need to read your writing. You may also add a border decoration.

148 *Guided Practice Activities* ━ *4B-6*

Nombre

Hora

Fecha

Vocabulary Flash Cards

© Pearson Education, Inc. All rights reserved.

Guided Practice Activities — *Vocabulary Flash Cards* **149**

Nombre _____ **Hora** _____

Fecha _____ **Vocabulary Flash Cards**

150 *Guided Practice Activities* — *Vocabulary Flash Cards*

© Pearson Education, Inc. All rights reserved.

Nombre _____ Hora _____

Fecha _____ **Vocabulary Flash Cards**

Guided Practice Activities — *Vocabulary Flash Cards* **151**

Nombre

Hora

Fecha

Vocabulary Flash Cards

© Pearson Education, Inc. All rights reserved.

152 *Guided Practice Activities* — *Vocabulary Flash Cards*

Nombre _____ Hora _____

Fecha _____ **Vocabulary Flash Cards**

© Pearson Education, Inc. All rights reserved.

Guided Practice Activities — *Vocabulary Flash Cards* **153**

Nombre _____   Hora _____

Fecha _____   **Vocabulary Flash Cards**

154 *Guided Practice Activities* — *Vocabulary Flash Cards*

Nombre _____   Hora _____

Fecha _____   **Vocabulary Flash Cards**

Guided Practice Activities — *Vocabulary Flash Cards* **155**

© Pearson Education, Inc. All rights reserved.

Nombre

Hora

Fecha

Vocabulary Flash Cards

Nombre _____ Hora _____

Fecha _____ **Vocabulary Flash Cards**

Vocabulary Flash Cards — Guided Practice Activities **157**

Nombre _____ **Hora** _____

Fecha _____ **Vocabulary Flash Cards**

158 *Guided Practice Activities* ▬ *Vocabulary Flash Cards*

© Pearson Education, Inc. All rights reserved.